新装版 Neuro-Linguistic Programming

神経言語プログラミング

頭脳《あたま》をつかえば自分も変わる

Using Your Brain—for a change

リチャード・バンドラー

酒井一夫 訳

東京図書

Richard Bandler
USING YOUR BRAIN
— FOR A CHANGE
Published by Real People Press

Japanese translation rights arranged with
Real People Press
through Japan UNI Agency, Inc., Tokyo

推薦のことば

「彼女の未来は明るい」とか、「彼は輝かしい過去の持ち主だ」といった言い方をよく耳にしますが、このような表現は単なる比喩ではありません。語り手の頭の中にあることをそのまま表したものなのです。そしてこれをうまく利用すれば、身のまわりに起こるできごとを組み立て直して、実りあるものにすることができるのです。例をお見せしましょう。あなた自身の未来の姿を思い浮かべてください。そしてその「画面」を少し明るくしてみてください。印象が変わったのではありませんか。明るくすることによって、より希望に満ちた情景になったのではありませんか。

今度は楽しかった過去のできごとを思い出してください。そしてその映像の色調をより強めてください。「鮮やかに彩られた過去」は、より強烈な印象を与えてくれることでしょう。全然変わらないという方がいらっしゃったら、同じできごとを白黒で思い出してください。色彩を失った思い出が、どんなに味気ないものかがおわかりでしょう。

不愉快な目に会った時、「いやな過去は遠くへ押しやってしまおう」と言うことがあります。もし、いまだに思い出すだけでも不愉快な思い出がありましたら、それが「どこに」見えるか注意してみてください。おそらく頭の中ではあなたの目の前、すぐ近くに見えているはずです。その映像を「移動」して、あなたの後ろ、しかも遠くの方へ押しやってごらんなさい。受ける印象が少しはましになったのではありませんか。

今やっていただいたことは、リチャード・バンドラーが開発した神経言語プログラミングのうちの「感覚要素プログラミング」という手法のごく一部ですが、これだけでも、この方法が簡単で有効だということがおわかりいただけるかと思います。

神経言語プログラミングの初期には、人間の感覚そのものが対象でした。私たちの体験は、視覚や聴覚あるいは運動感覚といった感覚を通してもたらされます。過去一〇年ほどにわたって、神経言語プログラミングのトレーニングでは、これらの感覚についての知識に基づいて感情をコントロールし、行動パターンを変化させる方法が行われてきました。ところで、それぞれの感覚はいくつもの「感覚要素」から成り立っています。たとえば明るさ、色調、大きさ、距離、位置などが視覚を構成する要素なのです。感覚を全体としてとらえるのではなく、これらの感覚要素にまで立ち入って研究することによって、これまで以上に迅速で、簡便で、それぞれの場合に即した人格改良法への途がひらかれるのです。

一九七七年の秋に、私たちが、神経言語プログラミングに初めて出会った当時、リチャード・バンドラーはジョン・グリンダーと一緒に、この新たな分野を開拓しつつありました。当時の神経言語プログラミングでは、本人の自覚していない目の動きに着目して、心の中の動きを探る方法や、過去の不愉快な思い出を短期間のうちに変えてしまう方法などが実践されていました。

そして七年後の今日にいたって、そのころ期待されていた以上の成果がもたらされました。神経言語プログラミングの基本的な考え方やテクニックは、時の流れの試練に耐え、多くの人びとのあいだに実用的な技術として広まりました。

神経言語プログラミングは、情報科学とコンピュータプログラミングの確固たる基礎の上に築かれていますが、それ以上に、実際の人間の行動を観察した結果をよりどころとしています。ですから神経言語プログラミングの中に現れる事項は、あなた自身の体験や他の人を観察することによって確かめることができるのです。

本書の中で述べられる感覚要素を利用したテクニックは、これまでの神経言語プログラミングの方法よりも、さらに迅速で強力な方法です。これまで神経言語プログラミングで利用されてきた人間の感覚は、三つしかありませんでしたが、本書ではそれぞれの感覚を構成する数多くの「感覚要素」を総動員しているからです。そしてこの感覚要素に基づく分類と意味づけこそが、実際に私たちの脳が行っていることなのです。ですから、この感覚要素を利用した人格改良法によって、人間の行動のソフトウエア、つまり身のまわりに起こるできごとに対してどう反応するかという行動パターンを、直接変えることができるのです。

神経言語プログラミングは技術にはしりすぎているため、癖とか恐怖症といった単純な対象の場合には威力を発揮するかもしれないが、人間の存亡にかかわるような根本的なことには役立たないという批判もあります。こうした批判をする人びとが、本書六章および七章に述べられている理解や信念に関するテクニックについて、どんな反応を示すか見てみたいものです。

本書はまた、あなたの心の働く仕組みを理解するための実践的な方法を示してくれます。さらに、自分の脳を自分で使いこなすための原理を教えてくれます。そして不愉快なできごとにはどう対処したらよいか、楽しいできごとをさらに楽しくするにはどうしたらよいかを教えてくれます。

すでに知られている原理を学び、工夫を加えて応用することは、私たちの多くがやっていることです。これに対してリチャード・バンドラーの才能の特別なところは、全く新しい原理を次々にあみ出し、しかもそれを私たちにわかるように示してくれる、その比類なき能力にあります。彼のユーモアのセンスは、時によると辛辣でごう慢に聞こえることがあるかもしれません。特にその矛先が心理学や精神医学の専門家に向けられた時には、その傾向があるかもしれません。しかし、六年前に彼が恐怖症を一〇分で治してしまう方法をあみ出した時に、心理学者たちがその方法には目を向けず、薬を使い、時間と費用のかかる従来の治療法に固執していたことを考えると、彼の態度もわかるような気がします。

産業の分野ですと、新しい発明がなされるやいなや、世界中の業者がこぞってその技術を導入しようとします。さもなければ競争相手にだし抜かれ、廃業に追いこまれてしまうからです。しかし残念なことに、心理学や精神医学の分野ではそうでないのです。問題の解決にあたって長く時間をかけるほど、多くの報酬が得られる仕組みになっているために、より迅速な方法が新しく開発されても、それがこの分野の本流となるまでにずっと長い時間が必要なのです。

心理学の分野についてのこのような特徴は、他の人びとも指摘しているところです。たとえば家族療法の分野でよく知られたサルバドル・ミニューヒンは、次のように語っています。

「われわれの研究成果に対して、人びとはどのような反応を示しただろうか。それまでの考え方を弁護するだけだった。新しい知識に出会った時に彼らの考えることは、いかにしてそれまでのやり方を維持していくかなのである。」

そうはいっても例外はあり、この分野の専門家の中にも、患者にとってよりよい治療法を学びたいと思っている人がいるのです。この本をそのような方々が手にされることを望んでいます。

この本の材料となったのは、リチャード・バンドラーの講演の録音テープや速記録です。その中から私たち自身の経験をもとに題材を選び、読みやすいように並べました。また講演会の雰囲気を残すように配慮しました。

急速に進展しつつある分野では、本が出版された時にはすでにその内容は古くなってしまいます。本書の内容も、三年ほど古くなっていると言わざるを得ません。その後もリチャード・バンドラーは、次々に新しいテクニックを開発し続けているのです。

読んでいただければわかることですが、神経言語プログラミングでは体験の順序を重要視します。それと同様に、本書では各章の順序に注意をはらいました。後の方の章ではそこまでに得られた知識を前提としています。ですから、一章から順番にしたがって読んでいただければより深い理解が得られるはずです。

神経言語プログラミングを学ぶうえで、頭に入れておくべきもうひとつの大事な点は、言葉だけでは、実際の体験を十分に記述することはできないということです。たとえば、ハンマーで材木に釘を打ちこむのを読んで知識として知ることと、実際にハンマーを手にとり、釘が打ちこまれていく感触を体験するのでは大ちがいです。あるいはうまく打てなくて、おかしな音をたてて釘が曲がってしまうようすを実感することとは、全く別のことなのです。
　本書に述べられているテクニックは、いわば道具といえましょう。どんな道具でもそうですが、実際に手にしてみなければ使い方はマスターできませんし、あれこれ試してみなければ使い方は上達しません。この本を斜め読みするのもそれはそれでよいでしょうが、テクニックを理解し、実際に使いこなそうとするのであれば、自分自身で時間をかけて、試しながら読み進まれることを強くお推めします。

コニリー・アンドレアス
スティーブ・アンドレアス
一九八五年四月

目　次

装幀　岡　孝治

1　運転手はだれだ

じっとしていない脳

「神経言語プログラミング」というのは、特定の領域に縛られないように意図して私がつくった言葉です。神経言語プログラミングの意味することのひとつに、人間の記憶・学習の仕組みを研究することがあります。多くの心理学者やソーシャルワーカーは、神経言語プログラミングを彼らの言う「治療」として用いています。しかし、私はこれを、ひとつの教育の方法としてとらえたほうがよいと思います。本質的には、人びとに自分の頭脳の使い方を教える方法を開発しようというわけです。

大部分の人は、自分の頭脳を積極的に思い通りに使いこなしているとは言えません。あなたの頭脳は、言ってみればスイッチを切ることのできない機械のようなものです。あなたが何か指示を与えなければ、ただ働き続けて、ついにはまいってしまいます。だれかを、外部からの刺激が全くない実験室に閉じこめたとしましょう。彼は、すぐに内面的な活動をつくりだすでしょう。あなたの頭脳も、何もせずにじっとしていることはできません。何かをやらずにはいられないのです。何をしでかすかは、あなたにとっては問題でしょうが、脳の方ではおかまいなしです。

たとえば、考えごとをしていたり眠っている時に、突然ある情景が頭の中でひらめいて、非常に驚かされたことはありませんか。とても楽しかった思い出がよみがえってきて真夜中に目をさました経験のある方も多いことでしょう。これとは逆に、あなたがよくない一日を過ごした時には、あなたの脳はそのようすを何度も生々しく再生することでしょう。不愉快な一日を過ごしただけでは不十分で、その夜もずっと、そしておそらくは次の週までもがだいなしになってしまいます。

多くの場合はそれだけにとどまりません。ずっと昔に起こった不愉快なできごとを思い出すことがあるでしょう。まるで脳の方から次のように語りかけているかのようです。「さあ、もう一度繰り返してみよう。昼食までには時間もあるし、例のゆううつなことでも考えてみようじゃないか。もう三年も昔のことだけど、まだまだ腹をたてることもできるさ。」

「未決着の仕事」という言い方がありますが、実はその仕事は決着がついているのです。ただ、あなたがその結果に満足していないだけなのです。

体験を変える

私は皆さんに、どうすれば自分の体験を変えることができるかを、学んでほしいと思います。そして頭の中で起こることをいくらかでもコントロールする方法を見つけてもらいたいと思います。多くの人は、自分の脳にとらえられている囚人といえましょう。あたかも、他人が運転しているバスの後ろの座席に縛りつけられているようなものです。私は皆さんに、自分のバスを自分で運転する方法を学んでほしいのです。何の指示も与えてやらないと、脳は暴走を始めてしまいます。あるいはだれか他の人が、その指令を与えてしまうかもしれません。そしてその人は、あなたのためを思ってくれているとは限りません。

神経言語プログラミングは、主観性について考えるよい機会を与えてくれます。学校では、主観性はとんでもないことだと教えられました。真の科学は、対象を客観的に観察するものだと教わりました。しかし私は、主観的な経験が自分自身に大きな影響を及ぼしていたことに気がつきました。そして、主観的な物の見方がどのようなものか、他の人にいかに影響を与えるかについて知りたいと思いました。この講演の中で、皆さんと心理ゲームを楽しみたいと思います。脳は、私が気にいっている遊び相手なのです。

いやな記憶

「写真のような鮮明な記憶」があれば、とお望みの人が何人くらいおいででしょうか。一方、昔の不愉快な記憶を何度も何度も生々しく思い出すという方は、どれほどおいででしょうか。確かにこのようなことは人生にいくらかの味わいを加えてくれます。スリラー映画を見に出け、帰宅して腰をおろしたとたんに、腰をおろすという動作があなたを映画館の座席にひきもどす、そんな経験をおもちの方も多いと思います。それなのに、鮮明な記憶力をもっていないと不満をおっしゃる。すでにもっているではありませんか。ただそれを望む通りに使っていないだけなのです。昔のいやな思い出については、写真のような記憶力をもっているわけですから、その能力をいくらかでも役に立つように利用できたらすばらしいではありませんか。

まだ起こってもいないことについて思い悩み、不愉快な気分になったことはありませんか。実際には予想したような事態にはならなかったとしても、不愉快な思い出だけは残ってしまいます。

反対の状況もあり得ます。出かける前にすばらしい休暇を思い描いていると、現地に着いてからがっかりしてしまいます。計画を立てていなければ、がっかりすることもありませんが、計画が万全であればそれだけ落胆の度合いも大きくなります。わざわざがっかりするために計画を立てているようなものです。私には不思議でしかたないのですが、映画を見にいって「頭の中で思い描いていたほどおもしろくなかった。」という人がいます。頭の中にそれほどよい映画があるのだったら、どうしてわざわざ映画館へ出かけ、床がべたつく部屋で座り心地の悪い椅子に座って映画を見るのでしょう。

脳のなすがままにさせているからこんなことになるのです。人びとが脳の使い方の習得のために費やす時間は、わずかなものです。また、これまでとちがった脳の使い方が強調されることもありません。つまりあなたは、あなた自身であることになっているのです。電気ショックで記憶を消してしまい、全くの別人にしてしまうというような話も耳にしますが、これまで興味をそそられるほどの実例にお目にかかったことはありません。ですから、精神消去装置のようなものが発明されるまでは、あなたはあなた自身から離れることができないのです。しかし、これはさほど悪いことではありません。なぜなら、自分の脳をより効率的に働かせる方法があるからです。それが神経言語プログラミングなのです。

すばらしい可能性

私が神経言語プログラミングの普及活動を始めた頃、神経言語プログラミングは、他人の心をコントロールし命令通りに動かす方法で、人間性を失わせるものだと考えていた人びとがありました。その人びとは、意図的に人の性格を変えることは人間性を損なうことだと考えていたようです。ある人の性格を変えてその人を幸せにすることが、どうしてその人の人間性を失わせることになるのでしょうか。

これとは逆に、多くの人がそのありのままの性格で、夫や妻、あるいは子供、さらには全くの他人までも不愉快にさせてしまうことも知っています。私はしばしば次のような質問をします。「あなたはすばらしい可能性をもっているのに、どうしてこれまでのあなた自身にとどまろうとするのですか。」脳を意図的に利用すればあなたのものとなる、学習や記憶の向上あるいは性格の改良へ向けての無限の可能性の一部を紹介したいと思います。

一時期、コンピュータが人間にとって代わるという内容の映画がつくられたことがありました。人びとがコンピュータを、道具ではなく人間に代わるものとして認識し始めていたのです。

しかし、ホームコンピュータをごらんになったことがあれば、小切手の収支を管理するといったことでもそのためのプログラムが必要であることもご存知でしょう。小切手をコンピュータで管理するのは、ふつうのやり方にくらべ数倍も手間がかかります。小切手帳に書きこむだけでなく、家へ帰ってからコンピュータにも入力しなければならないからです。こんなわけで、コンピュータは使われずにほこりをかぶるはめになるのです。コンピュータを買ったばかりの時には何度もゲームをして遊びますが、しばらくすると、棚の奥にしまいっぱなしにしてしまいます。久し振りの友人が来たりすると、また引っぱり出してあなたがとっくに飽きてしまったゲームでもてなします。コンピュータとは、本来こんなものではありません。そして、多くの人は自分の頭脳をこの程度にしか使っていないのです。

驚くべき記憶力

学習能力は五歳で止まってしまうという話をいまだに聞きますが、私には本当とは思えません。五歳の時から今日までに、大事なこと、くだらないことをとりまぜてどれほどのことを学んできたことでしょうか。人間は、学習することに関してはとてつもない能力をもっているのです。皆さんは、いまだ学習する機械のようなものです。このことを私は確信していますし、皆さんにもおいおい納得していただこうと思います。

　この能力の利点は、迅速かつ完全に記憶できるということですが、反面くだらないことまで同じように覚えこんでしまう欠点もあります。

「頭の中から追い出すことができたら」と思うような考えにとりつかれ、悩んだことはありませんか。追い出したいと思っているのに、その考えが頭の中におさまっているというのは驚くべきことではありませんか。脳は、まさに驚異的な存在です。脳についての問題点は、しばしば耳にするように記憶できないということではなく、いろいろなものごとをあまりにも早く、しかも完璧に覚えてしまうことなのです。

　たとえばクモに対する恐怖症を考えてみましょう。クモを見かけるたびに、まちがいなく恐怖心を抱くというのは驚くべき記憶力ではないでしょうか。クモ恐怖症の人がクモをながめながら「何てことだ、恐がり損なってしまった」などと言うことは決してありません。しかも患者の経歴を調べてみると、恐怖心の原因がただ一度のできごとであることがしばしばです。つまり、死ぬまで覚えているような強烈な記憶が、一回きりの、ほんの一瞬の経験によって形成されるのです。このように考えてみると、恐怖症というのはこのうえもなく強力な記憶術と言えましょう。

パブロフの犬の話を読んだことがおありでしょう。ところで、このことを考えただけで口の中につばが出てきてはいませんか。パブロフは、犬にその反応を教えこむのに、何度も何度もベルをならしてはエサをやらなければならなかったのです。これに対して皆さんは、ただ本で読んだだけでその犬と同じ反応をしたわけです。これはたいした例ではありませんが、皆さんの頭脳のすばやく学習する能力をよく示しています。

皆さんは、どんなコンピュータよりも早く学ぶことができるのです。そのためには、主体的に学ぶことが必要です。そうすれば、学習の方向づけを行い、自分の体験や学ぶ対象をよりよくコントロールすることができるのです。

「思い出の歌」現象

「思い出の歌」現象というのをご存知でしょうか。特別な人と過ごした時期に、ある歌を何度も耳にしたとします。するとその歌を聞いただけでその人を思い出し、楽しかった思い出が再びよみがえるのです。パブロフのよだれの実験と同じようなことです。このようにすれば二つの経験を結びつけることが容易であり、しかもこれを体系的に行えば非常に早く達成できることを理解している人は、ほとんどいません。

かつてある集会で、治療医が新たな恐怖症患者をつくり出すのを見たことがあります。その治療医は患者に親身になって接する好人物でしたが、何年にもわたって臨床訓練を受けていたにもかかわらず、自分が何をしているかについては全く理解していませんでした。高い所に関してだけ恐怖心を抱く高所恐怖症の患者がやってきました。この治療医は、その患者に目を閉じて高い所を思い浮かべるよう言いました。患者は顔面を紅潮させ、ふるえ始めました。「さあ、今度は何か安心できるものを思い描いてください」治療医は続けました。

「さあ、高い所」「さあ、快適なドライブ」「さあ、また高い所」……。

結局この患者は、目に映るものほとんどすべてに恐怖心を抱くようになってしまいました。その治療医のしたことは、ある意味ではすばらしいことでした。彼は患者の感情を、経験と結びつけることによって変えてしまったのですから。しかし、彼の選択は正しかったとはいえません。この医者は、患者がかつてはくつろいでいたような状態までも、恐怖心と結びつけてしまったのです。皆さんは、同様の方法で何にでもよい感情を結びつけることができます。この医者も彼の採用した治療法の仕組みを知っていたら、全く逆の効果をあげていたことでしょう。

夫婦を対象とした面接治療の場で同じことを目撃しました。妻が、夫のしたことについて不満を述べ始めた時に、医者がこう言ったのです。「その発言の間、ご主人の目をごらんなさい。」これによってあらゆる不愉快な感情と夫の顔とが結びついてしまい、彼女は夫の顔を見るたびに不快の念を抱くようになってしまいました。

夫婦の危機を救う

バージニア・サターという女医は、家族療法の中で同様のやり方を採用しました。しかし、彼女は全く反対方向に利用したのです。彼女は、夫妻に結婚前の楽しかった頃を思い出すように言いました。二人の頬が赤らんだ頃合いを見て、お互いを見つめさせました。こんなことを言ったのかもしれません。「ここにいるのは、一〇年前には深く愛し合っていたその人なんですよ。」これによって、これまでとは全く異なる好ましい感情とお互いの顔とが、結びついたのです。

私のところへ相談にきたある夫婦は、それまでは別の所で治療を受けていましたが、争いはおさまりませんでした。二人は、以前は家にいる間中口論していましたが、私のところへやってきた時には争うのは治療室の中だけになっていました。前の医者は、たぶん次のように言ったのでしょう。「お二人とも論争は面接の時のためにとっておいてください。そうすればどんなぐあいに争うのか観察できますから。」

二人の争いが、その医者と結びついているのか、診察室と結びついているのかがわからなかったので、ちょっとした実験をしました。その医師が不在の時に二人が診察室へ出向いても争いは起こりませんでしたが、医者が二人の家へ出かけて面談を始めると、言い争いが始まりました。そこで私は二人に、二度とその医者に会わないようにと言いわたすことによって、この問題を解決しました。

私の患者のひとりは、怒るということができませんでした。怒りを感じるや否や、大変な恐怖におそわれてしまうのです。怒りに対する恐怖症ともいえましょう。彼が小さい頃、少しでも腹をたてると、親は怒り狂って彼をすっかりおびえさせてしまったことがわかりました。それで、怒りと恐怖の二つの感情が結びついたのです。彼が大人になり一五年も両親とは別々に住んでいたにもかかわらず、彼はそのような反応を示したのです。

脳とコンピュータは似ている

私は、数学や情報科学の世界から人格の変化の分野へと入ってきました。コンピュータ関係の人は、人間とかかわり合いになるのをいやがります。「手を汚す」という言い方をするくらいです。そんな人たちは白い実験着を着て、ピカピカのコンピュータを相手にしているのが好きなのです。しかし、自分の脳の働く仕組みとその限界を考えた場合、コンピュータほどこれに似ているものは見あたりません。コンピュータに仕事をさせることは、人を動かして何かをさせることと非常によく似ています。

多くの方はコンピュータゲームを見たことがあるでしょう。簡単なゲームでも、そのプログラムを組むのは難しいものです。コンピュータへの命令は、コンピュータが処理できるような形で、厳密に定められた文法にしたがって与えなければならないからです。脳もコンピュータ同様、使用者にとっては手ごわい相手です。あなたの望んだことをするわけではなく、言われたことだけをするのです。そしてあなたは、自分の意図したことをしてくれないと腹をたてるわけです。

モデル化

プログラムを組む時の作業のひとつにモデル化があります。これは、コンピュータに人間のやることをさせようというものです。コンピュータに、いかにして判断をさせたり、数学をやらせたり、電灯の点滅をさせたりするかが問題となります。人間も電灯を点滅させたり数学の問題を解いたりしますが、人によって出来、不出来があります。モデル化する場合には、ある仕事を人間が行うやり方の代表的な例を選び、コンピュータに理解できるように翻訳してやります。こうして選んできた例が、実際に人びとが行っている通りのものであるかどうかは問題ではありません。

モデルをつくる時には、真理を追求する必要はないのです。大事なことは、うまく働くかどうかです。いってみれば料理の本をつくっているようなものです。なぜそれがチョコレートケーキなのかを知りたいのではなく、何を加えていったらチョコレートケーキができあがるのかを知りたいわけです。ひとつのつくり方がわかったからといって、それ以外に何種類ものつくり方がないというわけではありません。個々の成分からどんなぐあいにしてケーキをつくるかを、順を追って知りたいのです。またこれとは逆につくり方がわからない場合に、チョコレートケーキから個々の材料へもどる方法も知りたいのです。

　このように情報を分析するのは、情報科学者の仕事です。情報のうちで、最も興味深いのは他の人間の主観性に関することでしょう。だれかが行動を起こす時には、その行動をモデル化したいものです。これは、主観的な体験のモデル化です。「彼女は頭の中で、いったい何をしているのだろう。」彼女の何年にもわたる体験を即座に知り、それに基づく微妙なあやまでは知ることはできません。しかし、彼女の行動の構造についてならすぐに知ることができます。

心理学者がやっていること

　人間の行動のモデル化を始めた時に、人間の思考に関して、心理学がどこまで明らかにしているかを知ることが順序であろうと考えました。ところが心理学を研究してみると、この学問は、いかにして人間が異常をきたすかに関する厖大な記述の寄せ集めにすぎないことがわかりました。

　精神分析医や心理学者が利用している『精神障害の分類と診断の手引き・第三版』には、四五〇ページ以上にわたって、異常をきたした人びとのようすが記述してあります。しかし健康に関しては、一ページの記述もありません。

よく知られている異常に、精神分裂病があります。緊張病はあまり目立たない例です。ヒステリーは第一次世界大戦中にはよく見られましたが、今では時代遅れになっています。時世から取り残された教養の低い人びとの中に時々見られる程度です。

現在非常によく見られるのは、境界例（訳注・精神病と神経症の中間に位置づけられる精神障害）とよばれるものです。五〇年代、「イブの三つの顔」が発表されてからは、多重人格はいつも三重人格でした。しかし一七の人格をもっていた「シビル」の例が知られてから、多重人格者はふえており、しかもどれも三重人格よりも多い多重人格だそうです。

私が心理学者に対して厳し過ぎるとお考えでしたら、ちょっと待ってください。私のようにコンピュータプログラミングの分野の人間は少々変わっていますから、だれにでもつっかかっていくのです。そもそも、一日中コンピュータの前に座り、あらゆる現象を数字の0と1との組み合わせで表そうとするような人種は、世間一般の常識からはかけ離れていますから他人を気ちがいよばわりすることもできるのです。

自分ほど風変わりな人間が見当らなかったので、人間が本当におかしくなってしまうことなどあり得ないと考えるようになりました。ずい分昔のことでしたが、以来、精神異常とされる人びとについても、その行動は完璧であると確信しています。私には気にいらないこともありますが、彼らは彼らなりに何度も同じようなふるまいを繰り返すことができます。ですから彼らは完全に機能を失っているわけではないのです。一般の人が考えるのとは少々異なった行動をしているのにすぎないのです。

「何がおかしいのか」

人間の行動には一定の型がみられます。この行動の型についてくわしく調べれば、これを変える方法を見つけることもできます。さらには、ある状況の中でどのような行動が最良であるかを考えることもできます。たとえば、ぐずぐずすることはふつうはあまり歓迎されませんが、これをだれかから侮辱された時に使ったらどうでしょうか。「今は不愉快になるべき時だけれども、まあ、後にしよう。」というぐあいになります。

しかし、大部分の人はこのようには考えません。心理学の基本は多くの場合「何がおかしいのか」ということです。心理学者がこのような姿勢をとって以来、彼らの興味は、いつ、何によって異常をきたしたかでした。そうすれば、なぜおかしくなったかがわかると考えているのです。

だれかが異常であるとわかったら、次の問題は治すことができるかどうかです。しかしながら心理学者たちは、どんなぐあいに精神異常に陥ったか、あるいはどのように異常な状態が維持されているかについては、さほど注意をはらってはいません。

心理学についてのもうひとつの問題点は、異常な人びとを治す方法を探すために、異常な人びとを研究しているということです。これではまるで、車の整備法を知ろうとして廃車置場に並んでいる車体を調べているようなものです。

ある精神病院で職員の教育をした時に、分裂病患者の研究は、彼らにできないことは何であるかがわかる程度でやめておくように指導しました。後は、そのできないことを一般の人がどうこなしているかを研究すべきです。そうすれば、患者にそのやり方を教えることができるからです。

例をあげましょう。ある婦人は、次のような問題をかかえていました。何かを心に思い描くと、数分後にはそれが想像しただけなのか、実際に起こったことなのか区別できなくなってしまうのです。彼女は混乱し、恐怖にさいなまれてしまいました。そこで私は彼女に、想像でつくり上げた場面のまわりには黒い枠をつけるように言いました。そうすれば思い出した時に区別がつくからです。この作戦はうまくいきました。彼女の場合、私がどうしたらよいかの指示を与えると、すぐにそれを完璧にやってのけました。

それなのに彼女のカルテは、一二年間にわたる心理学者の精神分析で一五センチもの厚さになっていたのです。彼らは「深く隠された内面の意味」を追求していたのです。状況を改善することは、そのやり方さえわかっていればこのようにやさしいことなのです。

「異常な場所の正常な人びと」

心理学者の多くは、精神異常者と意思の疎通をはかるのは困難だと考えています。一面では正しいと思います。しかし、精神異常者の扱い方にも問題があるのではないでしょうか。だれかが少々奇妙な行動をとったとします。彼は保護され、薬づけにされ、他の三〇人ばかりと一緒にバラックの中に閉じこめられます。三日間の観察の後に「あいつはおかしいぞ」ということになるのです。同じような扱いをうけたら、私たちでもおかしくなってしまうのではないでしょうか。

「異常な場所の正常な人びと」について読んだことはありませんか。ある社会学者が、いく人かの健康な大学院生を実験的に精神病院へ入院させたのです。驚くべきことに全員が重症と診断されてしまいました。中には退院するのに苦労した学生もいました。病院の方で、退院したがること自体病気のあらわれであると判断したからです。

何年か前、私が性格を改善するいろいろな方法を模索していた当時は、心理学者や精神科医が人格改造の専門家であると考えられていました。しかし私には、彼らこそ精神病や神経症の症例見本にふさわしいのではないかと思えました。「イド」などというものをごらんになったことがありますか。「幼児性欲の反動形成」はどうですか。このようなことを言っているような人には、他人を異常だなどとよぶ資格はありません。

患者の世界に入りこむ

心理学者の多くは、緊張病の患者は手におえないと考えています。意思の疎通ができないからです。彼らは無理やり移動させない限り、身動きもせずに同じところに座っています。しかし実際のところ彼らに意思の伝達を行わせることは非常に簡単です。ハンマーを持ってきて手に一発お見舞いしてやればよいのです。もう一度ハンマーを振り上げれば、彼は手を引っこめて「やめてくれ」と言うでしょう。もちろんこれで治ったわけではありませんが、彼は今や感情を伝え合える同じ土俵に立っています。すべてはここから始まるのです。

以前ある地方の精神科医に、扱いかねてもてあましている患者を私のところへよこすように言ったことがあります。重症の患者は、長い目で見れば扱いやすいものなのです。私には放火癖のある分裂病患者を治療する方が、「正常」の人にタバコをやめさせるよりも簡単なように思えます。精神病の患者は、予期しない時に突然精神異常の状態に陥ったり、もとにもどったりします。しかし、人間のすることの常として、患者の行動にも秩序だったパターンがあるのです。いくら分裂病の患者だからといって、ある日突然躁うつ病になることはありません。

私は日頃、ジョン・ローゼンの精神病に対するアプローチが最も有効だと考えています。つまり患者の世界に入りこんでいってやりこめてしまうのです。以前、電気のコンセントから声が聞こえてくるという患者を診たことがあります。その声が、彼に命令するというのです。私は彼の幻聴を現実のものにしてやったら、彼はもはや分裂病とは言えないだろうと考えました。そこで、コンセントのかげに人をひとり隠しておきました。彼が部屋に入ってくるとコンセントから声がしました。「ハロー。」彼はあたりを見回し、コンセントにむかって言いました。「いつもと声がちがうね。」「新しい声さ。声はひとつだけだと思っていたのかい。」「どこから来たんだい。」「大きなお世話だ。」

こうして彼の場合はうまくいき始めました。その患者は声の言うことには服従していたので、私は声を利用して、彼がそれまでにしていたことを変えざるを得ないようにしむけたのです。多くの人びとは現実問題にゆきあたるとまともに反応しますが、私は少々ひねりを加えることにしています。

私には人間が本当におかしくなるなどとは信じられません。異常と言われている人びとは、ただ彼らがしている行動を身につけたにすぎないのです。少々驚かされるような行動は、正直なところ精神病院の中よりも外の方に多いように思われます。

「共有された事実」

多くの人が体験していることというのは、絶対的真理ではなく「共有された事実」です。時々私の部屋を訪れて宗教的なマンガをくれ、二週間以内に世界は滅亡すると話をしていく人びとがいます。彼らは天使と話し、神と語ると言いますが、必ずしも気ちがい扱いされているわけではありません。しかし、あるひとりの人物が天使としゃべっているところが見つかったら、その人は精神異常者とよばれ、精神病院に放りこまれて薬づけにされてしまいます。ある事実を何人かで共有していることが大事なのです。

物理学者も、真実を共有しています。そのこと以外に物理学者と精神分裂病の患者に大きなちがいはありません。物理学者もあなたの目に見えないことについて語ります。原子核より小さな粒子はともかくとしても、原子を見たことのある人がどれほどおいででしょうか。両者のちがいはただひとつ、物理学者は彼らの妄想（モデルとか、理論とか彼らがよんでいるもの）に関して、少しだけ謙虚だという点です。新しい事実が見つかってそれまでの妄想が怪しくなった時に、物理学者は分裂病患者ほどにはちゅうちょせずに、古い考えを捨てることができるのです。

多くの方は、原子の模型について習ったことがあるでしょう。陽子と中性子からなる核があり、そのまわりを電子が惑星のように飛びまわっているという模型です。ニールス・ボーアは、一九二〇年代にこのモデルによってノーベル賞をもらいました。その後、五〇年にわたって、このモデルは数多くの発明発見の基礎となっていました。みなさんが座っておられるイスのプラスチックなどもそのひとつです。

比較的最近になって、物理学者たちはボーアの記述は誤りであるという結論をくだしました。驚くべきことに、誤ったモデルによって生みだされた発見が、どれもまだ存在しています。プラスチックのイスは、物理学者が見解を変えてもそのままです。物理はしばしば客観的な学問の代表のように言われますが、物理学が変わっても世界はそのままなのですから、物理学にも主観的なところがあるように思えます。

アインシュタインの「思考実験」

アインシュタインは、私の子供の頃の英雄のひとりでした。彼は物理学を心理学者の言うところの「秩序だった空想」にと変えました（アインシュタイン自身は、「思考実験」とよんでいましたが）。彼は光の流れに乗って自分の目でながめたら世界はどう見えるかを探求しました。それなのに人びとは、アインシュタインは学問的で客観的だというのです。この思考実験から得られた結果のひとつが有名な相対性理論です。

神経言語プログラミングでは、意識的にいろいろな話をつくり上げる点だけが異なっています。これは、人間の主観的な体験を理解するためのものです。主観性を調べる時には、客観的であろうとしても何の役にもたちません。ですから、主観的経験について考えてみることにしましょう。

2　自分の頭脳を使いこなそう

明るさを変える

どうすれば自分の頭脳を使いこなせるかを知るために、ちょっとした実験をしていただきます。これは、以下本書に述べていることを理解するのに必要ですから、実際にやってみるように強くおすすめします。

過去の楽しかったできごとを思い描いてください。しばらく忘れていたような思い出がよいでしょう。その当時のようすをそのまま思い浮かべてください。必要なら目を閉じても結構です。

楽しかった時のことが目に浮かんできたら、その情景の明るさを増してみてください。どんどん明るくしてください。次は次第に暗く、ほとんど見えなくなるまで暗くしてください。さあ、もう一度どんどん明るくしてください。

明るさを変えた時に、どんな気持ちの変化がありましたか。一般的には、情景を明るくすればそれだけ感情も高まってきます。明るさの増加が気分の強さを増し、暗くなれば気分の強さを減少させます。

これまでに、思い描いた情景の明るさを変えて、それに対する感情まで変えることができるなどと考えたことはおありですか。多くの場合、脳が写し出すがままの情景を受け入れて、それに対して機嫌をよくしたり不愉快になったりしていたのです。

どんどん暗くする

次には思い出すだけでも不愉快な経験について考えてみましょう。その情景をどんどん暗くしていきます。十分に暗くしてしまうと、もうそのことで悩まされることはありません。

私はこうしたやり方をある女性から学びました。彼女はいつでも幸せだと語っていました。なにごとも彼女を悩ませることがないのです。どういうことなのかたずねたところ、彼女は次のように答えてくれました。「不愉快な思いが頭の中に浮かんでくることもありますが、そんな時には画面を暗くしてしまいますの。」

明暗は、視覚を構成している要素のひとつです。これらの要素を利用すれば目に映ることを、それが何であっても修正することができます。聴覚や触覚も同様にいろいろな要素からなっていますが、ここでは視覚に注目することにしましょう。

明るさは、変化させることのできる要素のうちのひとつにすぎません。別の要素に目を移す前に、明るさに関していくつか付け加えておきましょう。頭の中の情景を明るくしすぎると、ほとんど真っ白になってしまい細部を見ることができなくなります。こんな場合には、印象は薄れこそすれ強まることはありません。明るければ印象が強まるという関係は、極端な場合には通用しなくなるわけです。

印象の変化は思い出の内容にも関係があります。あなたの楽しい思い出が、ろうそくの光だったり、あるいは日の出や夕焼けだったとしたら、ある程度薄暗いことがその魅力となっているのです。こんな場合に全体像を明るくしてしまったら、印象は薄れてしまいます。

一方、暗闇での恐怖を頭に描いたとします。恐怖の原因は何も見えないことにあるわけですから、その情景を明るくしていって、結局そこには何もなかったことがわかれば恐怖も薄らいでしまいます。こうした例外もありますが、これはこれで筋が通っています。いずれにせよ、このようにして経験してきたことに修正を加えることができるのです。

大きさを変える

では、次の要素に移りましょう。楽しかったできごとを思い浮かべ、その大きさを変えてごらんなさい。まず大きく、どんどん大きく、次には小さく、どんどん小さく……。いかがですか。

一般的には、大きくすれば印象が強まり、小さくなれば弱まります。ここでも、大きくしすぎると、この限りではありません。不自然なほどに大きくなると、恐怖の強さではなく質の方が変わってしまいます。たとえば楽しかった思い出がこっけいに見えたりします。

不愉快な思い出の場合、その大きさを小さくすればいやな感じを抑えられますが、逆に情景をこっけいなほどに拡大することもできます。あなたの場合どちらが有効かやってみてください。因果関係はどうあれ、あなたの場合に有効に働き、体験をうまくコントロールできる方法さえみつかればよいのです。

「灰色の未来」とか「明るい見通し」とか「世界は闇だ」とか「取るに足りない小さなことを大きくとり上げる」などの言い方がありますが、これは比喩ではなく、語り手の頭の中のようすを正確に言い表しているのです。灰色の未来を嘆く人には画面を明るくするように、小さな問題を拡大してとらえる人には映像を小さくするように言ってやれば事態は改善されます。

以上のように頭に浮かぶ映像をいろいろといじってみようとは考えたこともないかもしれませんが、必要なものはすべてあなたの頭の中におさまっているのです。あなたの頭の中にあることはあなた自身がコントロールできるはずですし、あなたにとって重大なことですから、他人まかせにしないで自分で使いこなそうではありませんか。

いろいろな実験

では、視覚の他の要素についても実験してみてください。それぞれの要素を意識的に考えることによって記憶を修正し、過去のできごとに対する感情をコントロールできるということを、実感として納得していただきたいと思います。

自分の脳を使いこなしたいとお望みの方は、少し時間をかけてあれこれ実験してみるよう強くおすすめします。明るさについてやったのと同じ要領です。次に掲げる各要素について、まずひとつの方向へ変化させます。次には反対方向へ。そうして自分の感情や反応にどんな変化が起こるか見きわめてください。そうすれば、本書でこれから述べることを理解するための基礎もできあがります。

ただし二つの要素を一度に変えてしまってはいけません。二つのうちのどちらの要素が有効なのかがわからなくなってしまうからです。なお、この実験は楽しい思い出についてなさるようにおすすめします。

① **色彩**　総天然色から白黒まで画面の色彩を変えてみる。

② **距離**　画面を目の前に置いたり、はるかかなたへ押しやったりしてみる。

③ **奥行**　映像を平面的にしたり、立体的にしたりする。

④ **持続時間**　情景を瞬間的に思い浮かべたり、しばらくの間持続させたりする。

⑤ **鮮明度**　映像の細部までくっきりさせたり、ぼやけさせたりする。

⑥ **コントラスト**　明暗の差をはっきりさせたり、全体を灰色調にしたりしてみる。

⑦ **視野の広さ**　狭い枠の中におさまっている映像と、三六〇度にわたって広がっている情景を比較する。

⑧ **動き**　動きのない静止画面にしたり、動きのある映画にしたりする。

⑨ **スピード**　同じ映画でも、その映写のスピードを変えてみる。

⑩ **色調**　画面全体を赤っぽくしたり、青っぽくしたりして、変化させる。

⑪ **透明度**　画像を透き通らせ、隠されているものも見えるようにしてみる。

⑫ **縦横の比**　画面を縦長にしたり、横長にしたりする。

⑬ **傾き**　画面を自分の方に傾けたり、奥へ倒したりしてみる。

⑭ **前景と背景**　注目しているできごと（前景）と背景との距離を変える。あるいは前景と背景を入れかえてみる。

これで大部分の方には、各要素を変化させれば過去の体験を修正できることを納得していただけたことと思います。有効な要素をみつけたら、今度はいつ、どこでそれを利用したらよいかを考えます。たとえば、恐ろしい思い出（映画の場面でもかまいません）を頭に描いて、それを急に大きくしてみます。かなりドキッとしますが、朝起きられない時に利用するとコーヒーなんかよりも効き目があります。

二つ以上を組み合わせる

前に、どの要素が有効であるかを知るためには一度にひとつずつ変えてみるように言いましたが、いったんマスターしてしまったら、二つ以上の変化を組み合わせて、より大きな変化を生み出すこともできます。例として甘く懐かしい思い出を選びましょう。まず、一枚の写真ではなく動きのある映画で、あることを確かめてください。画像を近づけると同時に、明るく、より色鮮やかにします。さらに映画のスピードを半分ほどに落とします。

すでにどのような要素があなたの場合有効であるかはご存知のはずですから、印象を強烈にするためにその組み合わせでやってごらんなさい。印象がずい分ちがったのではありませんか。このようなことはいつでもできますし、それだけの効果が得られます。

ところが驚くべきことに、このテクニックを全く逆に応用している人が多いのです。もしも、楽しい経験を薄暗い遠方のぼやけた白黒写真として思い出し、不愉快な思い出は生き生きとしたカラーの目の前にひろがる立体的映画としてよび起こすとしたら、人生はどんなぐあいでしょうか。人生に疑問を感じ落ちこむのに、これほど効果的な方法はないでしょう。だれでも、よい思い出と悪い思い出の両方をもっています。これらをどのように思い返すかによって、ようすがずい分変わってきてしまうのです。

あるパーティーでのこと、私はひとりの女性に注目していました。三時間にわたって彼女は皆の視線を集め、ダンスに会話にとすばらしい時間を過ごしていました。いざ帰ろうという時になって、だれかが彼女のドレスにコーヒーをこぼしてしまいました。ドレスをふきながら彼女は言いました。「今夜は何から何までめちゃくちゃだったわ。」

ほんの一瞬のできごとが、楽しかった三時間を台無しにしてしまったというのです。どうしてそんなことになるのか不思議に思ったので、彼女にダンスはどうだったか聞いてみました。すると驚くべきことに、彼女が覚えていたのはコーヒーのしみをつけてダンスをしている自分の姿だったのです。彼女はコーヒーで、それまでの楽しいできごとにまでしみをつけてしまったのです。

同様のことは多くの人がしています。こんなことを言う人もいました。「先週一週間幸せに過ごせたと思っていました。ところが後になって思い返してみると、本当はそうではなかったことに気づきました。すべて思いちがいだったのです。」

自分の経験をそんなに簡単に変更することができるのなら、どうして反対のことをしないのでしょうか。不愉快な思い出を楽しい思い出に変えてしまったらよさそうなものです。

過去を塗り変える

夫婦が離婚する時や相手の浮気を発見した場合、過去まで塗り変えてしまうことが多いようです。二人で楽しく過ごした日々がちがって見えてくるのです。「全部見せかけにすぎなかったのだ。思いちがいをしていたのだ」と。

ダイエットをしている人も、しばしば同じような態度をとります。「三か月の間、週に二キロずつ減ったけれども、今度は一キロ増えてしまった。結局減量はうまくいかなかった。」というぐあいです。かなりの減量に成功しているにもかかわらず、そのことに気づかず少しでも体重が増えると「失敗だった」というわけです。

「まちがった女性と結婚するのが恐ろしい」と訴えて治療にやってきた男性がいました。彼はある女性とつきあっていて、彼女を愛しており結婚したいとも考えていました。しかし、彼は前に一度「まちがった女性」と結婚したことがあるので、結婚相手を選ぶ能力に自信がもてないというのです。

「まちがった女性」とはどういう意味かをたずねるうちに、彼は五年にわたる結婚生活の後に離婚したことがわかりました。はじめの四年半はまさに順調でした。しかしその後うまくいかなくなったため、五年間全体が失敗に終わったように感じていたわけです。「人生のうち五年間を失ってしまいました。二度と繰り返したくありません。今度の女性が正しい相手かどうかを見きわめるためだったら五年間かかってもかまいません。」との発言は冗談ではありません。彼は本当に悩んでいました。しかし、彼の疑問自体がおかしいことには、彼は気づいていませんでした。

この男性には、その女性と一緒にいるとお互いに幸せであることはわかっていました。本来ならば、どうすれば将来も一緒に幸せに過ごせるか、彼女を幸せにできるかについて悩むべきでしょう。ところが彼はそのようなことは考えもせずに、彼女が「正しい女性」かどうかを見きわめなくてはならないと思いこみ、その判断がつかずに悩んでいたのです。

灰色のメガネ

ある男性に、どんな場合にゆううつになるのかをたずねたことがあります。「そうですね。表へ出てタイヤの空気が抜けていたりするとゆううつな気分になりますね。」

私「確かに楽しいことではないけれども、落ちこまなければならないほどのことでもないように思えますが。どうしてそんなことで意気消沈してしまうのですか。」

男「『ああまただ。いつもこんなぐあいなんだ。』という気分になってしまうのです。すると、クルマがうまく動かなかった時の状況が次から次へと浮かんでくるのです。」

故障が一度起こるまでには、何百回となく順調に始動したことがあるはずです。それなのに、うまく動いた場合は特に気にとめないのです。順調に走る場合の方がはるかに多いことを気づかせてやれば、彼は二度と落胆することもなくなるでしょう。

ある時ひとりの女性がうつ病だと言ってたずねてきました。私が「どうしてうつ病だとわかるのですか」と聞くと、彼女の主治医がそう言ったからだとの答えでした。私は言いました。

「たぶん、その先生がまちがっているんですよ。あなたは、落ちこんでなんかいないし、ひょっとすると幸せなのかもしれませんよ。」彼女は私を見返し、驚いたように眉を上げてこう言いました。「そうは思えませんわ。」しかし、彼女は「どうして落ちこんでいるとわかるのか」という私の質問には答えられませんでした。

ゆううつな気分にとりつかれている人でも、実際には他の大部分の人びとと同じくらい幸福な体験をしているのです。問題は、思い返した時に幸せだったと考えないことにあるのです。バラ色のレンズではなく、灰色のメガネを通してものを見ているようなものです。

カナダに非常に興味深い女性がいました。彼女の頭の中では不愉快な思い出は青く、楽しい思い出はピンクにはっきりと色分けされているのです。彼女が思い出の色調を変えるとその内容までもがガラッと変化してしまいます。どうしてこんなことになるのかはわかりませんが、これが彼女の頭の中で起こっていることなのです。

妄想にすぎないこと

「一六年もの間、ゆううつな気分にとりつかれています。」と言って私のところへやってきた患者がいました。もちろん一六年もの間、うつうつとしていたはずはありません。ためしに二〇分間だけ、ある精神状態を保つよう努力してみてごらんなさい。非常に難しいことがわかるでしょう。ですから人びとは瞑想道場へ通い、授業料を払って一時間や二時間一定の精神状態を保つ方法を習っているのです。もし一時間もゆううつであり続けたら、そのこと自体わからなくなってしまうでしょう。

物理的な刺激もそうですが、感情にも慣れがあって、ひとつの状態が長く続くとそのうちに認識できなくなってしまうからです。ですから彼の言い分は「過去を振り返った時、一六年ものあいだ同じ精神状態にあったという妄想にとりつかれている」と言い変えることができます。

私は例によって自問自答しました。「どうしてこの人は、一六年もの間落ちこんでいたと信ずるようになったのだろうか。」その仕組みがわかれば治療もできますし、患者に欠けていることを見つけることも可能だからです。

一六年間落ちこみ続けているというこの男性の訴えは、彼がそれほど長い間ひとつの精神状態にあったと信じこんでいるということです。逆にこれを利用して、彼を別の精神状態にずっとおいておけるとしたらどうでしょうか。彼を一日中幸せだと思わせることができるかもしれません。過去を振り返ってみると、決して日々向上はしていないけれども、いつも幸せであったと考えるようになるかもしれません。つまり、彼が最初にもっていたのとは反対の妄想を植えつけてやるのです。

頭の中で低い押し殺したような声がして、これまでの失敗を数え上げていると言う人もあります。これではだれでもゆううつになってしまいます。声が低すぎて、指摘されるまで本人がそれに気づかないこともよくあります。人間は意識していない声には、はっきり聞こえる声よりも強く反応します。催眠効果が強いからです。

もしこのような声に悩まされ、落ちこんでいる患者がいたら、まずその声のボリュームを上げて耳にはっきり聞こえるようにして、催眠効果をなくしてやります。次に声の調子を明るく変えてしまいます。すると、失敗のリストの朗読が続いているとしても、その声が明るくさわやかな声なので、患者の気分はずっと改善されるはずです。

「本当であるはずがない」

何かすばらしいできごとが起こった場合、あなたは次のような言葉を発するのではありませんか。「こんなことが長続きするはずがない」「本当であるはずがない」「夢ではないだろうか」「彼が本気であんなことを言うはずがないわ」他にもいろいろな言いまわしがあるでしょう。どうして素直に喜ばずにこのような発言をするのでしょうか。問題は例によって「どうしてそんなことをするか」です。この疑問を細かく検討すれば、別の反応をするのに必要なことがわかるでしょう。

この場合、もっと気のきいた対応をしない理由は、そのやり方を知らないからです。何年もこんな反応をしているので、それが当たり前になっているのです。当たり前のことは、疑問をさしはさむ余地もありませんし、それ自体に気づきもしません。

どんな状況にあっても、すぐに慣れてしまいそれをごく当たり前のように受け入れるというのが、人間のもっている基本的な性癖のひとつです。いささか異常にも見えるニューヨークの繁華街ではそれが当たり前、私の出身地のような犯罪多発地帯ではそれが正常、駐車場が新車のショールームと見まちがうような裕福な地域ではそれが当たり前というわけです。

椅子と会話する男

私はコンピュータ関係の仕事を見つけ、情報科学を専攻することになりました。しかし、財政難で学部の設置が二年ほど遅れました。その間何もすることがなくなってしまったので、心理学を勉強することにしました。そのころ私はゲシュタルト療法に関する本の編集にかかわっていたので、そもそもゲシュタルト療法がどんなものかを知るために、その治療グループに派遣されました。私にとって初めての集団心理療法でした。

最初に目に入ってきたのは、ひとりの男が腰をかけて、だれも座っていない椅子に向かって話しかけているところでした。そして別のひとりが、その男と椅子との会話を誘導しているではありませんか。私は無気味な気分におそわれました。部屋中の人の視線が、あたかもだれも座っていない椅子が受け答えでもしているかのように、そこに集中していたからです。

医者はたずねました。「彼は何と言っていますか。」この言葉を聞いて私も椅子に目をやりました。

医者は続けました。「あなたの手が今、何をしようとしているかわかりますか。」男は「いいえ。」と答えました。少し間をおいて、「今はどうですか。」「わかります。」「何をしていますか。

動きを誇張してください。」医者は続けました。「言葉で言ってください。」「殺してやる。」医者は男に向かって言いました。「さあ椅子を見て。だれが座っていますか。」

もちろん私にはだれも見えません。しかし男はそちらを見すえてどなりました。「兄貴だ。」「あなたが怒っていることを言ってやりなさい。」「俺は頭にきているぞ。」「もっと大きな声で。」「頭にきているんだ。」「何をそんなに怒っているのですか。」

すると男は、空の椅子に向かって彼の怒りの原因をまくしたてました。最後には、飛びかかっていって、椅子をバラバラにしてしまいました。その後われに返って乱暴なふるまいを謝罪し、椅子を片づけると平静にもどりました。そして、居合わせただれもが彼の肩をたたき、やさしい言葉をかけたのでした。

私は、科学者や犯罪者といった連中とつきあってきましたから、ものごとには動じない方ですが、この時はさすがに面くらいました。後でまわりの人にたずねました。「彼の兄さんというのは、本当にあそこにいたのですか。」いく人かはこう答えました。「もちろんですよ。」「私には見えませんでしたが。」「私の心眼には写っていましたよ。」

うっぷんをはらす

そこに立ち会った人びとが、それを当然のこととして受けとりさえすれば、どんなことでも行うことができます。ゲシュタルト療法も、その一例と言えましょう。

それはともかく、無人の椅子に向かって語りかけることが意味のある行動であると信じられていた時期もありました。確かにこのゲシュタルト療法によって有意義な結果も達成されたかもしれませんが、その手順だけが先行して、内容の方は理解されていなかった点で非常に危険でもありました。

ゲシュタルト療法の手順は次の通りです。悲しくなったり、欲求不満をおぼえたりしたら、友人や親戚の顔を思い浮かべます。それに向かって怒りを発散させ、凶暴なふるまいによってうっぷんを晴らし、気持ちを落ち着かせます。するとまわりの人びとが暖かく声をかけてくれるという段取りになるわけです。

内容は別として、この手順だけを実生活に移しかえてみましょう。不機嫌な時に、妄想を思い浮かべ、怒り、凶暴になり、うっぷんを晴らして平静を取りもどす。人間関係のモデルとしては、いかがなものでしょうか。奥さんや旦那さん、あるいはお子さんとこのような関係をもちたいとお考えですか。愛する人を対象にする必要はありますまい。怒り狂ったところで外に出て、見知らぬ人に近より、死んだ親戚の顔でも思い浮かべながらたたきのめしてうっぷんを晴らせばよいのです。

実際にはゲシュタルト療法のお世話にならなくても、このような行動をとる人がいます。しかしこれでは治ったとは言えません。一般に、治療のような同じことの繰り返しを何回も経験すると、その内容よりは手順や手続きの方を先に身につけてしまうものです。ところが治療する側では、治療の内容の方に注目していますから、手順の方にまでは気がまわらないのです。

過去を修正する

あなたの目をじっとのぞきこみ、あなたの現在の状況は、かつて子供の頃に起こったことが原因だと言う人があるかもしれません。もしその通りだとしたら、なすすべはありません。子供時代を実際に繰り返すことなどできないからです。しかし、記憶に関しては話が別です。過去にさかのぼって当時の記憶をよび起こし、必要であれば修正を加えることができます。まるで子供時代をもう一度体験しなおすようなものです。

あるできごとが気にいらないというのは、それがあなたの頭の中では、まだ完了していないことを意味します。ですから記憶をよびもどして修正し、気にいるようにけりをつけてやればよいのです。これは非常に有効な新規まき直しの方法です。

こう考えると、完了したできごとなどというものはあり得ないことになります。過去のできごとを記憶、信念、理解といった精神的な活動を通じて、次の日へともちこしているだけで、すべては現在進行形だといえましょう。ですから、このような精神の働きについて深く理解が得られれば、気にいらない場合にはいつでも修正することができるわけです。

「簡潔治療」

過去の思い出を修正するのは容易なことなのです。ここで私が「簡潔治療」とよんでいる方法を伝授することにしましょう。この方法の利点のひとつは、人に知られずにできることです。ですからすぐにでも試してみてください。

不愉快な失敗を思い描いてください。その経験の「映画」を上映してみて、不快感をもよおすことを確認してください。

次にフィルムを巻きもどし、もう一度上映してください。今度はバックに景気のよいサーカス音楽でも流して、映画を見ると同時に音楽に耳を傾けてください。

もう一度、映画を繰り返してください。気分はいくらかましになりましたか。多くの方にとっては、この操作によって悲劇が喜劇に変わり、気分が晴れたことと思います。怒りを覚えるようないやな思い出があったら、それにサーカス音楽の伴奏をつければよいのです。一度伴奏をつければ、次にその記憶がよみがえってきた時も伴奏つきです。そして前ほど悩まされなくなります。

人によって、あるいは思い出の内容によっては、サーカス音楽が不適当な場合もあるかもしれません。印象に変化が見られない場合や不十分な時には、その思い出に対して効果があると思われる別のジャンルの音楽を伴奏につけてみてください。テレビドラマのテーマでも、クラシックでもジャズでも何でもかまいません。あれこれ試してみれば、いろいろな記憶の修正法が見つかることでしょう。

もうひとついやな思い出を選んでください。まずはそのできごとをふつうに思い返してください。次にはそのできごとを結末から初めへと逆まわしにしてごらんなさい。映画のフィルムを巻きもどすようにすばやく、二、三秒のうちに逆まわしにしてください。次にもう一度、初めから映してみます。

フィルムを逆まわしにした後の印象はどうですか。大きく変化していませんか。フィルムの逆まわしは、文章を逆から読むようなもので、意味を変えてしまうのです。逆まわしの手法を、あらゆる不愉快な思い出に使ってごらんなさい。治療に要する手間や費用をかなり倹約できるはずです。この手法が広く知られるようになれば、旧態依然とした治療医は失業してしまうことでしょう。

3

視点を変える

中立の立場で

「君は私と同じ観点からものを見ていない」という言い方をよくしますが、これは文字通りのことを言い当てているのです。

あなたが加わった論戦のうちで、自分が正しかったと確信しているものを思い起こしてください。最初は、覚えているままに映像を流してください。次に相手の肩越しに、つまり議論しているあなた自身が見えるような位置に視点を移してください。そこから同じ論戦をながめます。

何かちがいがありましたか。大差なかったという方は、すでにこのような視点の移動をやっているのです。一方、印象が大きくちがった人もいるはずです。そんな方は今でも自分が正しかったと言えますか。

男「自分の顔を目にし、声の調子を聞いたとたんにこう思いました。『だれがこんなやつの言い分に耳を貸すものか』」

女「自分の発言の受け手側にまわった時、私の論理が不備だらけなのに気づきました。ただ興奮していて全く筋が通っていないことがわかりました。あの人にあやまらなければ。」

男「相手の言い分を、初めて本気で聞きました。彼女は実に筋の通ったことを言っていたのですね。」

男「自分の発言を聞いて、話の要点を押さえた別の言い方はできなかったものかと、考えさせられてしまいました。」

視点を変えてながめた後でも、自分が正しかったと確信している人はどのくらいおられるでしょうか。六〇人のうちの三人、五パーセントといったところでしょうか。

何世紀にもわたって「視点」とか「観点」とかの言い方がされてきましたが、多くの場合人びとはそれを比喩的な表現と考えてきました。どうやって視点を変えればよいかわからなかったともいえましょう。皆さんが今なさったことは、ほんの一例にすぎません。ものごとはどんな場所からでもながめることができるのです。

先ほどの議論を、あなたと相手の脇から中立の立場でながめることもできます。天井から大局的見地に立ってながめることもできますし、床の上から見上げることも、できるのです。

「一〇〇年もたてば……」

よくないことが起こった時に、「一〇〇年もたてば、だれも覚えていないさ」と言う人がいます。これを聞いて何とも感じない人は、このような発言をする人のことをわけのわからない人だと思うだけでしょう。しかし、中にはこうした言葉によって経験を修正して、問題解決への助けとする人もいるのです。例によって私はそのような人に、心の中で何が起こっているのかをたずねました。

ある男性は、宇宙空間から太陽系を見おろして惑星の運行をながめていました。そとからは、彼自身も、かかえている問題点も、地球の表面のほんの小さなキズのようにしか見えません。これとは別の映像を頭に描く人もいますが、大筋においては同じようなものです。つまり非常に遠くから、そして時間の経過を早めてながめると問題が小さく見えるのです。

私の頭から離れない、魅力的な言い方がもうひとつあります。不愉快なことに出会った時の「あとになれば、笑って思い出せるさ」という言い方です。不愉快だったできごとが、後にはおかしく思えるのですから、その間に頭の中で何かが起こっているにちがいありません。

みなさんの中で、笑って振り返ることのできる思い出をおもちの方は、どれほどおいでしょうか。今のところはまだ、笑ってすませられない思い出はいかがでしょうか。この二種類の思い出のどこがちがうかくらべてみてください。一方にはあなた自身の姿があり、他方にはないとか、一方は単なる写真で他方は映画のようだとかのちがいはありませんか。色、大きさ、明るさなどはどうですか。ちがっている要素をみつけて、不愉快な思い出の方を、笑ってすませられる思い出のように修正してごらんなさい。笑ってすませられる方が遠くにあるとしたら、不愉快な方も遠くへ押しやってごらんなさい。前者にあなた自身が登場しているなら、後者にも登場させてごらんなさい。

後になって笑って振り返られるようなものなら、初めから笑ってすませてしまえばよいではないですか。不愉快なできごとを経験している時には、あなたは一度で十分だと考えることでしょう。しかし、あなたの脳の方ではそうは考えてくれません。「おやおや、ヘマをしましたね。三年でも四年でも悩ませてあげましょう。それからなら、笑えるようにしてあげましょう。」というのがふつうです。

では、みなさんのようすを聞かせてください。

男「笑ってすませられる思い出の方には自分の姿が見えます。私は傍観者です。ところが、いまだに不愉快な方では私は当事者です。」

それがふつうの反応です。自分自身をながめることはあるできごとを見直し、新たに別の角度から、まるで他人ごとのようにながめることです。新しい角度から自分を見直すことは、なかなかおもしろいものです。これができないとしたら、それはできることに気づいていないだけです。うまくなれば、現在進行中のできごとにも応用できます。

女「私のやり方は少々ちがいますが、うまくいっています。目に見えるものをどんどん拡大して、ズームアップしていくのです。するとごく一部が、顕微鏡でながめたように画面いっぱいに広がります。たとえば相手の巨大な唇がグロテスクに動くのが見えるだけだったりして、吹き出してしまうほどです。」

それは確かにひとつのやり方でしょう。いやなことが起こりつつある時にも、簡単に試してみることができるおもしろい方法だと思います。

当事者か傍観者か

さてここで、過去の思い出を二つよび起こしてください。ひとつは楽しい、もうひとつは不愉快な思い出をお願いします。次にそれぞれの思い出の中で、あなた自身が当事者であるか傍観者であるかを見きわめてください。

当事者であるというのは、ある体験を思い返した時に、自分自身の目からものごとを見ているということです。思い出の中でも、起こった時と全く同様のことをながめることになります。相手は自分の前に見えますが、鏡でも見ない限り自分の顔は見ることができません。

傍観者であるということは、心の中の映像を自分の目ではなく別の観点からながめるということです。飛行機の上から見おろすように、あるいはあなた自身が出演している映画でも見るように思い出すということです。

もう一度、二つの思い出を交互によびもどして、それぞれの中であなたが当事者であるか傍観者であるかを確認してください。次にその状況を変えてごらんなさい。思い出の中であなたが当事者であれば、身体から離れて傍観者の立場でながめてごらんなさい。逆にもし傍観者であれば、映像の中に入りこみ、当事者としてながめてください。視点を移すことによって、それぞれの思い出に対する感情が大きく変わったことと思います。

さほど変わらないという方は、ためしに次のような情景を思い描いてください。あなたは遊園地のベンチに座っています。そしてあなた自身がジェットコースターの先頭に乗っているのをながめています。ジェットコースターが急斜面を下りると、髪の毛は風に激しくなびきます。このような状況と、実際にジェットコースターに乗りこんで空中高くから急斜面を見おろす時の感じをくらべてごらんなさい。ちがいがおわかりでしょう。

女「私には自分が当事者でもあり、傍観者でもあるように見えるのですが。」

そのような場合は二通りの可能性があります。ひとつは非常にすばやく切り替えを行っている場合です。この場合でしたら、スイッチの切り替えごとにどんなちがいがあるかに注意してください。よく見きわめるために、必要なら切り替えを少しゆっくり行ってみてください。

もうひとつの可能性

もうひとつの可能性は、もともとは傍観者であった場合です。たとえば自分に批判的であった場合には、自分の目以外の観点が必要となります。自分のからだを離れて批判的な目で自分自身をながめるわけです。この場合には記憶をよびもどして自分が見たままのものを思い描いた時、あなたは当事者でもあり、傍観者でもあるわけです。このどちらかがあなたの場合に当てはまりませんか。

女「どちらもあてはまるようです。当時私は自分に対して批判的でしたし、自分自身を客観的にながめているようにも、また観察されているようにも感じましたから。」

非常にまれではありますが、もうひとつ可能性があります。もともとの記憶の中では、当事者であるにもかかわらず、その中で客観的にながめることのできる自分の姿をつくり出している場合です。ある男性の場合は、いつも身のまわりに鏡がありました。部屋の中へ入っていくと、そこには鏡があり、入ってくる自分自身の姿が見えるのです。別の男性の場合は、いたるところに置いてあるテレビモニターでした。自分の目でものごとを見ると同時に、他人の目に写る自分の姿をも目にしていたわけです。

記憶の中であなたが当事者であれば、その時に感じたものと同じ感情をもう一度味わうことになります。傍観者であれば、はじめの感情を味わっている自分の姿を映像の中でながめることになりますが、自分の感覚として感じることはありません。

楽しかった記憶の中ではいつも当事者であり、思い返すにしたがって、当時のすばらしい感じをもう一度楽しめるというのが理想的な状況でしょう。逆に、不愉快な思い出の中で傍観者であったとすれば、将来あやまちを繰り返さないために必要な情報だけは確保しつつ、いやな感情は抱かずにすみます。不愉快な思いを繰り返すのはごめんです。一度で十分ではありませんか。

極端な場合

ところが、多くの人は逆のことをしているのです。不愉快な思い出には当事者として参加し、いやな気分に陥るくせに、楽しかった記憶は逆のぼやけた映像として、しかも傍観者の立場からながめているのです。このほかに、当然ながら二つの極端な場合があります。ひとつは科学者や技術者など客観的で冷静だとされている人びとによくみられる例で、いつも傍観者である場合です。このような人には、過去の体験に参加するように教えて、人生を楽しむようにしむけることができます。

もうひとつの可能性は、記憶の中でも常に当事者である場合です。この場合は過去に体験した感情を、それがよいものであっても悪くても、もう一度、そのまま経験することになります。感受性が強く衝動的な人に多く見られます。彼らの問題点は、必要な時には傍観者の立場をとるように指導することによって軽減できます。傍観者的な見方は、痛みをこらえる時などに利用できます。痛みを感じている自分を観察する立場に立てば、当事者としての痛みは感じずにすむのです。

二つの立場を使い分ける

不愉快な思い出の場合には、傍観者の立場をとれば悩まされずにすみます。記憶の映像をどれほど遠ざけたら、そのできごとから教訓を得る程度にははっきりと観察しつつ、しかも平静にながめることができるか、見きわめてください。次には、楽しい思い出を頭に描き、その中へ入りこんで十分に楽しんでください。楽しい思い出には、当事者として参加し、いやな思い出は、傍観者としてながめる態度を脳に教えこむのです。やがて脳の方でもようすがわかってきて、他の思い出についても自動的に調整できるようになります。

場面に応じて二つの立場を使い分けることは、過去のできごとに修正を加え、それが原因となっている行動を変える大変強力な方法です。特に非常に不愉快な経験に対して有効です。

何かに対して恐怖症の方はおいでになりませんか。私自身は病的な恐怖に非常に興味があります。しかし神経言語プログラミングを使えばたやすく治ってしまうので、次第にお目にかからなくなってきています。

女「私は恐怖症で困っています。」

私「本物の恐怖症ですか。」

女「ええ、かなりひどいものです。何の恐怖症かお話ししましょうか。」

私「いいえ、その必要はありません。私は数学者ですから、手順とかパターンとかを問題にします。いずれにせよ、あなたの内面の動きは知りようがありませんから、話していただく必要はありません。しかしあなた自身はよくご存知です。それは目に見えるものですか。それとも耳に聞こえることですか。それとも感じるものですか。」

女「見えるものです。」

わかりました。これからあなたにいくつかのことをしていただきます。頭の中ですばやくできることです。それであなたは恐怖症から解放されることでしょう。ステップごとに指示を与えますから頭の中でそれを行ってください。

スクリーンの中の自分

まず映画館を思い浮かべてください。あなたは中ほどの座席に座っています。目を上げると、スクリーンの上には白黒のスライドが映っていて、その中ではあなた自身が恐怖をもよおす直前の状況に置かれています。

次には体からぬけ出して、映写室へ移動してください。そとからはスクリーンの上のあなたの映像だけでなく、それをながめているあなた自身をも見ることができます。

次に画面の上の写真を白黒映画に変え、はじめから不愉快な思い出の結末まで映写してください。終わりまできたらそこでフィルムをいったん止め、その静止した画面の中に入って、そこから映画を逆に映写してください。人びとは後ろに向かって歩き、あらゆる現象が逆転します。ただし、あなたが画面の中にいるという点が先ほどとはちがっています。逆写しはカラーで、すばやく、一、二秒のうちに終えてしまってください。

さあ、あなたの恐怖の原因となっていたものを思い描いてごらんなさい。

女「今は全然気になりません。でもその場になったらどうかは心配です。」
私「その現物は、このあたりにありますか。」
女「ええ、エレベーターですから。」
私「好都合です。では外へ行って実際に試してみてください。……いかがでしたか。」
女「うまくいきました。これまでエレベーターの中をまともにながめたことなどありませんでした。今朝などは、恐ろしくて足を踏み入れることさえできませんでした。でも今はなんともありません。何回も昇ったり降りたりしてきました。」

これは典型的な治療談です。実を言いますと、一度だけ不安になったことがありました。ある高層ビルを会場として講演をした時のことです。そのビルは七〇階建てで、しかもエレベーターは展望式で外に面していました。治療の成果を確認するために、彼女をそこに連れていき、エレベーターに乗せたのですが、三〇分くらいするとさすがに心配になりました。

「彼女はエレベーターに乗ったのはいいが、今度は降りられなくなったのかもしれない。」ところが、さらに一五分たってもどってきた彼女にたずねてみますと、「何度も昇ったり降りたりしてきました。本当に楽しかったですわ。」という答えが返ってきたのでした。

あなたがエレベーターに対して恐怖を感じていたとしましょう。もしその行動のパターンを変化させる方法を会得したとすれば、恐怖という強烈な行動をコントロールできたことになりますから、他のさまざまな行動をも変化させうるはずです。

恐怖というのは興味深いものです。だれもがそれを避けようとします。だれかに怖いものを見るように言っても見ることはできないでしょう。しかし、その対象をながめている自分の姿を思い描くように言ってやれば、これも対象を見ていることに変わりはないのですが、なぜかできるのです。ジェットコースターに実際に乗っているのを思い描くのと、乗っている自分の姿を想像するのとのちがいに似ています。それでも、恐怖という反応を克服するには十分です。

この手法は、強姦、幼児虐待、戦争などの体験にとらわれている患者に対しても有効です。

一〇分間治療法

何年か前には、恐怖症を治すのに一週間かかっていました。その後、恐怖症のメカニズムを研究した結果として一〇分間治療法を発表しました。今や数分あれば十分です。そんなに早く恐怖症を治せることとは、なかなか信用してもらえません。奇妙なことですが、時間をかけて治すことができないのです。二分あれば治せますが、一か月もかけることは、できません。脳というのはそのようにできているのです。

頭脳は情報が急速に流れこむことによって学習するのです。映画を毎日一コマずつ何年にもわたって映写してみたところで意味をなしません。画面が急速に流れるからこそ映画の価値があるのです。恐怖症をゆっくり矯正しようというのは、一日に一言ずつで会話をしようとするようなもので、できない相談なのです。

先ほどのエレベーター恐怖症の女性の場合のように一度変化が起こった後でも、復習や練習をしなければいけないのではないかとよくたずねられますが、その必要はありません。

彼女の行動のパターンはすでに改良されてしまったのですから、練習どころか意識する必要もありません。もし改良の操作が難しく、訓練を要するようならば、そのやり方がまちがっているのです。やり方の方を変えなければなりません。抵抗なく行える方法さえみつかれば、目的は達せられつつあると言えます。そしてそれは一度で十分です。彼女が実際にエレベーターに乗りにいった時にも、恐怖心を起こさないようにと努力する必要はなかったのです。彼女はすでに変化を遂げていたからです。彼女が身につけた新しい行動パターンは、もとの恐怖がそうであったように長く続くことでしょう。

急速に学習する能力

恐怖症の患者は、異常な恐怖という風変わりな行動を、あっという間に身につけてしまったわけです。いってみれば急速に学習する能力を証明したようなものですから、かえって扱いやすいともいえます。大部分の人は恐怖症はやっかいな問題であると考えており、すばらしい能力のあらわれであるとは考えません。「恐怖に関しては、これほど急速に身につけたのだから、他の行動にも応用できるはずだ」などと考える人はいません。

しかし私は、いつでも場合に応じてまちがいなく恐怖を感じることは驚くべきことだと思います。何年か前に、これこそが私がつくり出したいと考えていた種類の行動のパターンであることに気づきました。恐怖症を悪いことであるとしか考えていないとしたら、このような可能性は思いつきもしなかったでしょう。楽しい感情も恐怖症における恐怖のように強固にすることができるのです。

楽しい思い出も

しかしここで注意しておきたいことがあります。恐怖症の治療では、恐怖という感情を除去してしまうわけですが、これは楽しい思い出にも応用可能です。恋人との胸ときめくような思い出に対して同じ操作を加えると、恋人は単なる中立的な記憶にすぎなくなってしまいます。離婚する夫婦はこのようなことをやっているのです。かつては激しく愛した人を見ても、今や何の感情もわいてこないとしましょう。その人との楽しかった日々を思い出しても、楽しんでいる自分の姿が見えるだけで、楽しかった実感は失われてしまいます。結婚している人がこのような状態になったら大問題です。

だれかある人との思い出（よいものも悪いものも）を見直して、関係を清算することも可能です。しかし、その人との楽しい思い出に対して傍観者的な立場をとったとすると、心に潤いを与えるような体験まで捨ててしまうことになります。その人が変わってしまったために、あるいはあなたが変わったために、現在では一緒にいることすら我慢ならなくても、懐かしい思い出は楽しんだ方がよいのではありませんか。

後になって思い出が崩れるのがこわいからという理由で、楽しいできごとに対して傍観者的立場をとる人がいます。しかし、こんなことをすると、人生がどんなにすばらしいものであったとしても、楽しむことができなくなってしまいます。他人が楽しんでいるのをながめるようなもので、直接参加することができません。

あるテクニックがうまくいくとわかると、何でもかんでもそれでやろうという人がいます。しかし、釘を打つのにハンマーが役に立つからといって、何でもかんでもひっぱたけばよいというわけではありません。恐怖症治療に用いた方法は、快・不快を問わず、とにかく強い感情を中和するのに有効です。ですからこれを使う場合には注意が必要です。

恋におちる方法

恋におちる方法をお教えしましょう。ある人との楽しい思い出には当事者として参加し、不愉快な記憶の場合は単なる観察者として見逃せばよいのです。これは非常に有効な方法で、このようにして恋に陥り、結婚するのがふつうです。ところが結婚してしまうと反対のことを始めます。つまり、不愉快なことは当事者として記憶し、楽しいことは見過ごしてしまうのです。こうなるともはや不愉快なできごとしか目に映らなくなり、「あの人は変わってしまった」となるのです。変わったのは相手ではなくあなたの受け取り方なのです。

女「他に恐怖症に対処する方法はありませんか。私は犬が大嫌いなんです。」

なにごとであってもやり方はいくつもあるものです。問題は、私たちの手におえるか、信頼性はどうか、どれほど手間がかかるか、あるいは副作用はどうかといったことなのです。

こんな方法はどうでしょうか。過去のできごとの中から、とても楽しく刺激的でしかもおもしろいものを選んで起こった通りのことを思い描いてください。次にその画面を少し明るくしてください。次には画面はそのままにしておいて、その中央に犬を登場させ画面の一部に加えてください。同時に画面全体をさらに明るくしてごらんなさい。

さあ今思い描いたのと同じ部屋に、犬と一緒にいるところを想像してごらんなさい。まだ怖いですか。

女「いいえ、今度はだいじょうぶです。」

この操作は後でお話しする手法の一種です。先ほどの恐怖症の治療法ほどには確実とはいえませんが、ふつうはこれで十分です。私は数多くの恐怖症を治療してきて、いささかあきあきしていますので、ふつうこのように簡単な治療法を採用することにしています。

しかし、脳の働きの仕組みを知りたければ恐怖症の患者にいくつもの質問をして、その患者の症状がどんなぐあいかを調べるのがよいでしょう。患者は恐怖の対象、たとえば犬の画像を大きく、明るく、色彩豊かな映像として何度も繰り返して思い描いているものです。それがわかれば種々の要素に変更を加えて、この患者の感情を修正する方法がわかるでしょう。このようにすれば、新たに神経言語プログラムを組んでいく方法を身につけることができるのです。

4 見当ちがい

人生最大のあやまち

ある友人に、人生最大のあやまちは何かとたずねたことがあります。彼の答えはこうでした。

「一、二週間のうちにある仕事をすることになっているんだが、どうもうまくいきそうになくてね。」

まさしく人生最大のあやまちではありませんか。その仕事がうまくいかなかったことがではなく、それに先立って心配をし、ゆううつになっていたことがです。このように、多くの人は将来のできごとのうち不快の種になるようなことだけを頭に描き、それが現実となる前に不愉快な気分になっているのです。

ご主人が浮気をするまで待つ必要はありません。想像するだけでよいのです。ご主人が出先で他の女性と楽しんでいるところを思い描くだけでよいのです。その場に居合わせたと考えてごらんなさい。大変な嫉妬にかられることでしょう。全てはこんなぐあいです。似たような経験をした方も多いと思います。

もし、ご主人が帰ってきた時にもまだ気分がおさまっていなくてわめきちらしたりすれば、ご主人は本当にあなたから離れていき、想像していたことが現実となってしまいます。このような状況に陥った人には、次のように言うことにしています。「もっとよい場面を想像したらいかがですか。少々修正を加えて、他の女性ではなく、あなたがご主人と過ごしていると考えてごらんなさい。そしてその場面に加わって楽しむのです。ご主人が帰ってきたら、優しく迎えてください。」少しはましではありませんか。

社会経験のない人

「よい思い出」とか「悪い思い出」というのは、その思い出が気にいっているかいないかを表す言葉です。

大多数の人は、楽しい思い出だけを望み、いやな思い出などなくなってしまえばよいと考えています。しかし、何もかもうまくいったら人生はどうなるでしょうか。いやなことひとつなく成長したらどうでしょうか。全く手におえない大人になってしまうことでしょう。

二四歳になるある患者は、一二歳の時からずっと家に閉じこもり、精神安定剤を飲み続けていました。家から出るのは、医者にかかる時だけでした。私の見たところ、問題は一二年もの間ろくに外に出なかったことにありました。建設会社の社長をしていた父親は私にこう言いました。「息子はそろそろひとりで表へ出なければならない頃だと思うのだが。」私は頭の中でこう言ってやりました。「ばかな、一二年遅すぎましたよ。今さらどうしようというのです。会社を彼にまかせるつもりですか。二日でつぶれてしまいますよ。」

この患者は、一二年もの間精神安定剤を飲み続け、家に閉じこもっていたものですから、社会経験がありませんでした。私は、まず彼を外に引っぱり出してあちらこちらに連れていき、いろいろなことをやらせました。彼がいやがったときには、本気でなぐりました。このようにして彼に経験を積ませていきました。これは非常に特殊な例でしたが、頭をこづいて何かをやらせる場合もあるのです。子供はそうして育てられるのです。こうして私は、他人とうまくつき合い困難に対処しなければならないような状況に彼を追いこみました。その結果、彼はやっとのことで、家庭や精神安定剤や医者の助けによらずに実社会で生きるための基礎となる経験をすることができたのです。

対人恐怖症

一時期、対人恐怖症の患者の治療に従事したことがあります。なにごとでもそうですが、対人恐怖症の場合も、この病気になるまでにはいくつもの段階をふむことが必要で、決してやさしいことではないのです。患者は他人と実際に顔を合わせる前に、拒絶されるのではないか、笑われたりはしないかなどと、よくないことばかり考えてしまいます。そのあげく、人に会うのがこわくなってしまうのです。

ある男性の場合も、「会う人が自分に好意をもってくれるとは思えないから」というのがその理由でした。その時隣室に何人か人がいました。この人たちは好意をもってくれるにちがいないと言い聞かせ、納得させたところ、それだけで恐怖症が治ってしまいました。これは非常にうまくいった例ではありますが、なにごとでも効果的な解決法は簡単なものなのです。

心理療法では、残念なことに、どのような治療法が有効であるかを簡単に知ることはできません。そのため多くの職業の場合は、成果に対して報酬が支払われるのに、心理療法では結果にかかわらず、時間制がとられています。未熟な医者が、すぐに症状を治してしまう名医よりも稼ぎが多いということもあります。医者の方でも、急激な変化を引き起こすことは「人格操作」といった意識が伴うためか、効率のよい治療を避けたがる傾向すら見受けられます。しかしこれでは、治療（性格の改良）のためにお金を払う患者を裏切っていることにならないでしょうか。私自身は、症状の改善の度合いに応じて治療費を請求することにしていますが、この分野では非常に挑戦的だと見られているようです。

精神科医のいいわけ

精神科医がうまくいかない時に並べたてるいいわけにはずいい分いい加減なものがあります。「患者はまだ治療する準備ができていない」というのもそのひとつです。こんなおかしないいわけがあるでしょうか。本当に治療するのにいたっていないのならば、そのような患者と毎週面接し、診察料をとるのはいかさまではありませんか。家に帰らせ、準備ができた段階で治療すべきでしょう。あるいは、そのような患者を治療できるような状態にもっていくことが、医者のつとめではありませんか。

車の調子が悪いので修理工場へ持っていったとしましょう。二週間もかけたあげくまだうまく走らなかったとします。この時に修理工が「この車は、まだ修繕する準備ができていない」

などと言ったら、あなたはこんないいわけに耳をかしますか。先ほどの精神科医のいいわけはこれと変わりありません。

もうひとつよく聞くいいわけは、患者が「治療に対して抵抗性をもっている」というものです。これが自動車修理工だったらどうでしょう。「あなたの車はどうもまだバルブの調整に対する抵抗性が残っているようです。来週また持ってきてください。もう一度やってみましょう。」こんな言い草を受け入れるわけにはいきません。このようないいわけをする修理工は、やるべきことがわかっていないか、見当ちがいの修理をしているか、道具の使い方がまちがっているかです。

精神科医による治療や教育の場合も同じです。能率的な精神科医や教師は、患者や生徒の受け入れ態勢を整えることもできるのです。正しい治療や教育法に対する「抵抗性」などはあり得ません。

残念なことに、人間の性癖はかなりしつこくできているようです。やっていることがうまくいかないと、別の方法を工夫してみようとせずに、しつこく同じことを繰り返すのがふつうです。子供が言うことを聞かないと、別の言い方で諭そうとはせずに、同じ言葉を何度も大声で繰り返すのです。ひとつのやり方がうまくいかなかったら、別のやり方でやってみるべきです。同じことを繰り返すよりも、うまくいく確率は高くなるというものです。

われわれの側のいいわけ

一般の人びともいろいろないいわけをします。「自分を抑えきれなかった」とか「何が自分に起こったのかわからない」などです。その他にも、「どうしてあんなことをしたのかわからない」「あの時は本当の自分ではなかった」などもいろいろな場合でよく使われるいいわけですが、これではまるで多重人格者ではありませんか。このようないいわけは、どれも不愉快な状況を容認し、その結果不幸な事態が続いてしまうことになります。それよりも別の方策を考えて、人生を楽しく過ごした方がよいのではありませんか。

不愉快のタネ

実例をお目にかけることにしましょう。どなたか不愉快のタネになるような問題をかかえている方はいませんか。

女「私は他人と言い争いをしはしないかといつも気に病んでいます。他の人の態度が気にいらないと、すぐにやり合ってしまうのです。」

私「具体的にはどんな場合ですか。」

女「何かに対して不当な料金をふっかけられたり、料金に見合ったサービスを受けられなかったりした時がそうです。」

私「そのような場合に文句をつけることは、レストランなどで満足なもてなしを受けるよい方法でしょうね。」

女「レストランだけでなく、いたるところでそうですわ。」

私「あなたの場合は典型的な例なのでくわしくお話をうかがいたいのですが、レストランでまずウェイターやウェイトレスをよい気分にさせて、彼らがあなたに対して気持よく給仕をせざるを得ないようにしむけるといったことを考えたことはありませんか。」

女「おっしゃる意味がよくわかりませんが。」

レストランに来るお客というものは、給仕をさせておきながら、ウェイターやウェイトレスを人間としては扱っていないのです。ウェイターをした経験から言えることですが、大部分の客の態度はひどいものです。

そのような中で、わずかですが気持ちよく接してくれる客がいると、そのお客のためによいサービスをしようという気になるものです。気持ちよく語りかけ、気分よく働かせてくれる人につくす方が、そうでない人に給仕するよりもずっと魅力的なのです。チップの多少とは関係ありません。ですから、レストランでよいサービスを受けるには、まずウェイターに気持ちよく接することです。そうすれば、ウェイターの方もよいもてなしをしたいという気分になるのです。

ところが、多くの人はこんなことを考えもしません。レストランへ行ってまで、なぜウェイターのご機嫌をとらなければいけないのだと言うのです。よいサービスは自動的についてくるものだと考えているわけです。

ところで話をもどしますが、あなたの場合、まずウェイターやウェイトレスに優しく接しようと考えたことがありますか。

女「ええ、そのようにできればよいだろうと考えたことはあります。しかし私は、一度気まずくなってしまうと愛想よくなどふるまえないのです。ですから考えているように気持ちよく彼らに接することができなくなってしまいます。」

さかのぼって手を打つ

今の行動パターンを見直してみましょう。レストランへ入ります。サービスが悪いので気分を害してしまいます。ウェイトレスとやりあったあげく、まともなサービスを受けることはできますが、不愉快な気分は残ったままです。ウェイトレスに対して優しく接し、気分よく働けるよう配慮したことがなくはないけれども、いやな気分の時にはそんなことはできないというわけです。確かにもっともなことです。

でしたら、この行動パターンの鍵となる部分、つまり「気分を害する」という段階からさらに一歩さかのぼって手を打ったらどうでしょうか。つまり、レストランに入るやいなや、ウェイトレスに優しく話しかけるわけです。ここで大事な点は、行動パターンをさかのぼって見直しつつ、修正を加えるべきところを見きわめることにあります。私が「不愉快になる前にこれこれのことをしたらどうですか」と言いますと、相手はいつも驚いたようすを見せます。過去にさかのぼって経験を見直すことがないからです。満足を得る方法は、自分の望みの時に、自分の望み通りの状況になること以外にはないと思いこんでいるからなのです。もちろん現実の時間は逆まわしがききませんが、頭の中の体験のうえでなら可能です。

そこで私は「そんなことはできません」と主張する相手には、心の中の体験を一歩ずつさかのぼらせるための質問をすることにしています。次第にさかのぼってある地点、体験の分岐点に到達したら、必要な修正を加えます。これがうまくいけば、事態は好転していきます。

少女と父親

ティーンエージャーの娘さんをもつ両親が、娘さんの交遊関係のことで相談にくることがあります。たいていは、まだ子供で何もわからないくせに、くだらない男とつき合い、ベッドをともにし、家に帰ってこない。何とか諭してそのような生活をやめさせてほしいという訴えです。

一四歳になる少女を連れてきた父親は大変な剣幕でした。彼女の腕を後ろ手にねじり上げ、私の部屋に飛びこんできたのです。ひとしきりやりとりがあった後、父親の興奮がおさまったところで、私はこうたずねました。

私「まずお嬢さんの顔をながめてください。彼女に人を愛することを知り、幸せになってもらいたいとお望みのはずです。あなたのお気に召すかどうかは別として、世の中の道徳は変わってきています。もし、お嬢さんにとって男性とのかかわりが、先ほどあなたが彼女を連れてきたような乱暴で力づくのふるまいだけだったとしたらどうでしょうか。もし、今つき合っている男性と別れて二五歳まで待ったとしましょう。そして結婚した相手が、彼女をなぐりつけ、引きずり回し、彼女の意志とは無関係な命令ばかりするような男だったとしたらどうしますか。」

父「そうは言っても、娘の今のふるまいはまちがっているかもしれないし、もしそうだとしたら傷つくことになってしまう。」

私「そうかもしれません。何年かたって、相手の男はお嬢さんを捨ててどこかへ行ってしまうかもしれません。そんな時にひとりぼっちになり悲しみにくれても、彼女には行くところがありません。あなたが考えを変えない限り、彼女はあなたには寄りつかないからです。

彼女が、その場を何とか乗り切って別の相手と結婚し、子供が生まれたとしても、あなたをたずねようとはしないでしょう。彼女はあなたのふるまいを忘れはしませんし、子供、つまりあなたのお孫さんにそんな人間とつき合わせたいとは思わないからです。」

ここにいたって父親は、どう考えたらよいかわからなくなってしまいました。今こそ、だめ押しの時です。彼の目を見据えてこう言いました。「彼女にとって、ひきずりまわされる人間関係よりは愛しあえる関係を学んだ方がよいとは思いませんか。」もう返す言葉はありませんでした。彼は以前のようなふるまいをやめました。

ただこの時に問題となったのは、その代わりに何をしたらよいかが彼自身にわかっていなかったことです。そこで私は、家族にとって理想的な夫としてのふるまい方を伝授しました。その結果、彼と家族との関係は改善され、娘さんもつき合っていた相手と過ごすよりも家族と一緒にいる方が楽しいと思うようになったのです。

目標に向かって

人間は目標に向かって努力するうちに、その努力のプロセスに目を奪われてしまい、本来の目的が何であったかを見失ってしまうことがあります。望みの結果が得られないと、方針自体がまちがっていることに気づかず、方針は変えずに何とかうまくやろうとします。しかしこれではゴールに到達することはできません。

せっかくすばらしい脳をもっているのですから、少しずつ出発点の方へ立ち返り、目標を見据えつつ新たな方針を見つけ、目標に向かっていこうではありませんか。

5 目標へ向かって

心の中の声

これまで心理学の分野では、人間の行動を理解すべくさまざまなモデルが考えられてきました。イドとかエゴ、あるいは、人格を形成する「親」、「子供」、「大人」といったものがそうですが、どうもうまくいかないようです。

人格を「親」、「子」、「大人」に分けて解析しようとする試みは交流分析とよばれています。それによると各部分は互いに独立しており、互いに没交渉だということです。たとえば、私の中の「親」の部分はあなたの「親」としか話ができないわけです。どうもしっくりこないような気がします。少し見方を変えてみることにしましょう。

心の中に「厳しい親」の声が聞こえてあなたをしかりつけ、無理に何かをさせようとしているという経験をおもちの方はいませんか。こう聞かれると、だれでもそのような気になってくるのではありませんか。これに対する対策のひとつは、声の批判をすべて受け入れてしまうことです。最後には声の方が音を上げてしまいます。もうひとつの対策は、声の場所を変えてしまうことです。たとえば、声が足の裏から聞こえてくるようにすれば、印象はずい分変わってきます。

しかし、その内容はあなたの気にいらなくても、声が正しいことを言っている場合もあることを心に留めておかなくてはいけません。声を聞いて不愉快になるだけではなく、その内容に耳を傾けた方がよいかもしれません。このような批判的な声に悩まされている方がおられたら、その対策をお教えしましょう。

男「私はいつもそのような声に悩まされています。今もこうして発言していることに文句をつけています。」

私「それは結構。では、まずあなたに何をさせたいかを声にたずねてみてください。」

男「私に成功してもらいたいと言っています。よけいなことはするなと文句を言っています。」

私「その意見には、賛成ですね。あなたも成功したいと望んでいるのでしょう。」

男「もちろんです。」

私「では、あなたにとって役に立つような情報を声がもっているかどうか聞いてみてください。」

男「当然だと言っています。」

私「役に立つ情報をもっているのであれば、より聞きやすく、より理解しやすいように、語りかける調子を変えてみるつもりはないかたずねてください。」

男「意図をはかりかねているようですが、やってみようと言っています。」

私「大変結構です。さて、あなたの方では、声に耳を傾けやすくするにはどうしたらよいかを考えてください。やさしい口調の方がよいですか。あなたの過去の行動に対する文句よりは、これからやることについての細かいアドバイスの方がよくはありませんか。そのようなことを考えて、声に頼んでみてください。」

男「これは驚きました。声はもはや小言親爺ではありません。友好的な援軍です。耳を傾けるのが楽しいほどです。」

やさしい口調で

当然のことです。どなり散らし、文句をつける声にだれが耳をかしましょうか。子供をおもちの方は、お子さんに言うことを聞かせたい時にこのテクニックを使うとよいでしょう。やさしく語りかければ、子供は聞いてくれるものです。言っている内容にうなずくかどうかは別として、少なくとも耳は傾けることでしょう。この方法は、またいろいろな場面での話し合いにも非常に有効です。先ほどの例で言えば、声はその及ぼす影響について配慮が足りませんでした。目標は、本人を成功させることであったにもかかわらず、実際には彼を不愉快にしていただけだったのです。

女性解放運動が成果をあげてきた時にも、似たような状況が見られました。解放運動の本来の目的は、人びとに働きかけて、女性に対する考え方、接し方を考え直そうというものだったはずです。ところが運動が進展し、どのような態度や言葉が性差別をするものであるかが知れわたるようになると、その言葉に過剰に反応し、発言者を吊るし上げるようになってしまいました。これでは「ばか」と言われて泣きだす小さな子供の態度と変わりありませんし、お互いにとって不愉快の種をふやしたにすぎません。人の態度を改めさせようとする場合には、批判し、攻撃するだけではうまくいかないのです。

質問をぶつける

ある行動に関しての一見くだらないような質問をいくつもぶつけることによって、その行動にいたる動機も含めて人間の行動の仕組みを知ることができます。「動機の欠如」に悩んでいる人も多いようですが、そのよい例は、朝気持ちよく起きられないということでしょう。なかなか起きられずに悩んでいる人について調べれば、起きられないことのからくりがわかり、不眠症の人にとっては貴重な情報となるでしょう。まず初めに簡単に起きられるという人の話を聞くことにしましょう。

女「私は毎朝何の問題もなく起きられます。」

私「どのようにして起きるのですか。」

女「自然に目が覚めるのです。」

私「もう少しくわしく説明してください。いつ起きたらよいかはどうしてわかるのですか。目が覚める時に、まず最初にどのようなことが起こりますか。」

女「まず自分が眠っていないことに気づきます。」

私「どうしてそうわかるのでしょうか。何かを目にしたり、自分に語りかけたりしますか。」

女「自分に向かって、目が覚めている、自分は起きるのだぞと話しかけます。」

私「そのひとり言のきっかけは何でしょうか。『目が覚めている』という言葉は、目が覚めたことを告げているわけですから、その前に何かありそうですね。光を感じるとか、気分が変わるとか、何か変化があるはずです。順序立てて思い出してください。」

女「感覚の変化だと思います。」

私「どんな感覚ですか。暖かいとか、押しつけられるような感じとか。」

女「暖かい感覚です。暖かさが強まってからだも暖まってきます。」

私「暖かくなるにつれて『起きるぞ』と自分に言い聞かせるわけですね。そのすぐ後にはどうなりますか。まだ何も見えませんか。何も頭に浮かびませんか。」

女「『さあ、起きなくては』と言います。」

私「大きな声ですか。どんな調子ですか。他に音はしませんか。」

女「穏やかな、くつろいだ調子の声です。」

私「目が覚めていくにつれて、声の調子に変化はありませんか。」

女「次第に早く、はっきりとした口調になり、目を覚まさずにはいられなくなります。」

この会話では、心の中の声が目を覚ますという行動にかりたてるようすがよく示されています。他の方も、全く同じ言葉を使う必要はありませんが、同様にして目を覚ますことができるはずです。目を閉じ、心の中の声に耳を傾けます。穏やかな、ゆったりとした調子で始め、次第に早く、大きくしていけばよいのです。

興奮した声

心の中で興奮気味の声が聞こえるというのは、眠らずにいるための実に効果的な方法です。眠ってはいけない時に眠くなってしまったら、声のボリュームを上げ、かん高い声で早口に、内容も刺激的なものにしてごらんなさい。すぐ目が覚めてしまいます。不眠症の患者は、このようなことをしているのです。彼らは、眠らなければならないと自分に言い聞かせるのですが、その声が大きく、かん高く、しかも興奮気味なので眠気をふき飛ばしてしまうのです。

不眠症の患者は眠っていないと訴えますが、調べてみると実際にはふつうの人と同じくらい眠っているのです。ふつうの人よりも眠ろうと努力する時間が長く、それにもかかわらず、声が邪魔をしてなかなか眠れないというのが不眠症の問題点なのです。ですから声を優しく、低く、小さくするようにし向けてやれば、眠りにつかせることができます。

人びとを行動にかりたてる動機にはさまざまなものがあります。実際に体験するために、パートナーを見つけて、どのようにして起床するかをたずねてごらんなさい。最初の質問はもちろん「朝どのようにして起きますか」です。おそらく一般的な答えが返ってくるでしょうが、質問を繰り返して、次第に細かいことを聞いていきます。ここでは非常に細かいことも重要です。きっかけが視覚的なものであれば、動きのある映画であるか、静止したスライドのようなものか、大きさや色はどうか、聴覚的なものであれば、音の大きさ、声の調子といったことまで聞き出してください。

不安にかられて

さて、いかがですか。

男「私のパートナーの場合は、まず目覚まし時計の音で始まります。ベルを止めながら時計をながめます。そしてもう一度横になります。ベッドの中は非常に気持ちよいのですが、ここで『いつまでもベッドの中にいると、また眠りこんでしまって遅刻してしまうぞ』という声が聞こえてきます。会社に遅れた場面が頭に浮かび、いやな気分になります。声は、追いうちをかけます。

『今度遅刻したら大変なことになるぞ』。遅刻の場面はひとまわり大きくなり、いやな気分もひどくなります。このように声——映像——不快な気分が何度か繰り返され、ついにはいたたまれなくなってベッドから起き上がるのです。」

これは不安型動機づけとよばれる例です。不安を高め、それを避けるために行動を起こすわけです。ロロ・メイという人はこれについて分析を加え、厚い本を書いています。この本の内容を要約すると、「不安とか懸念とかは、不当な扱いを受けている。これらは決して悪いことではない。なぜならば、そのおかげで人びとは行動を起こすのだから。」ということです。ですから、不安に基づく動機づけは正統派であるといえましょう。

締め切りのせまった宿題、原稿、報告書などの場合にもこれがあてはまります。ぐずぐず後に延ばしていると、締め切りが近づくにしたがって不安がつのり、直前になってやっと腰を上げるというわけです。

しかし、だれもが不安にかりたてられて行動を起こすとは限りません。人によっては不安によって行動が抑えられてしまう場合もあります。たとえおもしろいことを思いついたとしても、それが失敗した時のことを思い描いて不安になり、行動を控えてしまうのです。

楽しい気分で

男「私のパートナーの場合は全く逆です。ベッドの中でその日にやることを思い浮かべると、それらがたまらなく楽しく思えて飛び起きるのだそうです。」

私「もしその日の予定がどれもこれも不愉快なことばかりだとしたらどうするのでしょう

か。」

男「そのような場合には仕事が全て片づいた時のことを考えます。するとこれがまた非常に愉快に思えて、ベッドから起き出す原動力になるのだそうです。私には信じられないことですが、これは彼女が毎朝していることなのです。」

私「ご本人にうかがいますが、税金の申告はいつなさいますか。」

女「受付けが始まるとすぐに片づけてしまいます。めんどうな申告書の準備が完了して、他のことができるのはすばらしいことですから。」

この方の場合、確かに、不安ではなくて楽しい気分が行動の原動力となっているようです。だれにとっても税金の申告書をまとめることは大変ですし、終えてしまえばせいせいします。ポイントは、行動（申告書の記入）を起こす前に、済んだ後のよい気分を頭に浮かべることができるかどうかにかかっているわけです。まれな例ですから、ふつうの、つまり不安によって行動している人には信じられないのも無理はありません。

仕事を終える楽しみ

　多くの人の場合、楽しい仕事には何の問題もなくとりかかれます。その仕事をしている愉快な場面を思い描き、それをきっかけにすればよいからです。しかし、この手はいやな仕事には使えません。税金申告書の記入のようなわずらわしい仕事をしている姿を想像して後悔の念にとらわれているようでは、動機にも何にもなったものではありません。仕事にとりかかるきっかけが必要であれば、その仕事の魅力を見つけなければなりません。全然楽しくない仕事であれば、それを片づけてしまった後のことを考えるしかないでしょう。しかし、全ての仕事を片づけ終わった時のことを思い描くだけではうまくいきません。目標が遠すぎて息切れしてしまうからです。もうひとつのコツは、仕事の一区切りごとにそれを完了させるという楽しみを見つけることです。このような小さな満足の積み重ねが最終的に不愉快な仕事の完了へとつながるのです。

男「そうしますと、だれでも不愉快な気分は全く抱かずにいろいろな行動へのきっかけをつかめるように思えますが、不安や心配によって行動へとかりたてられているふつうの人間にもそのようなことが可能なのでしょうか。」

もちろんです。動機づけの方法も体験を通して学びとったものですから、別のやり方を習得することも可能です。どうすれば、不安ではなく、楽しい気分を行動のきっかけにすることができるかを教えるのは、さほど難しくありません。しかし、このように人の生き方に大きな変化を与えようとする場合には、慎重にならなければいけません。

二つの動機づけ

世の中には悪い企みをする人間がいるものです。多くの場合、それを行動に移そうという動機づけに欠けているためたいした問題にならずにすんでいるのです。このような人間が強力で効果的な動機づけの方法を会得したとしたら、悪だくみを実行に移して、愚かな、役に立たない、場合によると危害を及ぼすような行動をしでかしかねません。ですから私は、しっかりした判断力のある人にしか動機づけの方法を伝授しないことにしています。

行動への動機づけにはさまざまの型がありますが、これまでに主要な二つのパターンについて見てきました。大部分の人は、行動を起こさなかった場合の不愉快な気分を想像し、それから逃れようとして行動を起こします。これに対して少数ではありますが、行動を起こした後の愉快な気分を動機づけにする人もあります。

実際には、ほとんどの人の場合、両者の組み合わせが行動への動機となっています。まず、行動をしなかった場合の不安がきっかけとなり、引き続いて、それが済んでしまえばどれほどすばらしいかを思い描くのです。

精神科医を訪れるような人、刑務所に収容されるような人には、動機づけに問題のあることが多いようです。世間一般にとって望ましいことをしなかったり、望ましくないことをしたりするように動機づけされているわけです。

以上、動機づけが人びとをいかにして行動へとかりたてるかを見てきました。ここでふれたのは、ごく初歩的なことだけですが、ご自分でさらにあれこれ試してみれば、これをコントロールする技術を身につけることも可能でしょう。

6 混乱を理解する

混乱と理解

なにごとにせよ、理解しようとする努力にもかかわらず、混乱してしまってゆきづまることがよくあります。ここではどうしたら混乱から抜けだし、理解にいたることができるかをお見せしましょう。どなたか相手をしてくださる方はいませんか。

男「私がやりましょう。」
私「まず、あなたが理解したいと思いながらも混乱してしまっていることを思い浮かべてください。」
男「理解できていないことは、たくさんありますが……。」

ここで一言注意しておきますと、混乱をきたしていることと理解できていないこととは、全く異なったことなのです。

知識が欠けているために理解していないことは、たくさんあるでしょう。おそらく心臓手術や水爆製造法に関することはご存知ないでしょう。しかし、これらの場合は、理解するための情報をもっていないだけで、混乱とはちがうのです。

これに対して、混乱しているという場合には情報はそろっているのです。ただ、それらが理解できるように整理されていないだけなのです。ですから混乱は理解への途上の一段階と言えましょう。

さてもう一度、あなたが混乱していること、つまり知識はありながら意味がつかめないことについて考えてみてください。

男「わかりました。私が考えているのは……。」

その内容について話す必要はありません。というのは私は数学者ですから、内容よりもその形式やプロセスに興味があるからです。内容に目を奪われてそちらの方がおろそかになっても困ります。

次に、その混乱している対象と似てはいるけれども、理解できているものを考えてください。混乱の方がだれかの行動に関してであれば、理解の方も他人の行動に関したこと、混乱が自動車の構造についてであれば、理解の方も同様に機械に関することといったぐあいです。

スライドと映画

あなたの頭の中には、二つの映像がそろいました。ひとつは混乱、もうひとつは理解です。さて、注目していただきたいのは両者のちがいです。一方は動きのある映像で他方は単なる絵であるとか、一方は色がついているのに他方は白黒であるとか、そのようなちがいはありませんか。よく観察してちがいを教えてください。

男「混乱の方は、動きのないスライドで遠くの方に小さく見えます。音もついていません。理解の方は、大画面の映画で解説の音声つきです。」

私「一方については混乱し、他方は理解しているということがどうしてわかるのですか。」

男「二つの映像を見くらべた時に、受ける感じがちがうようです。」

私「どのようにちがうのですか。」

男「理解している方の映画をながめている時には、次に何が起こるかわかりますから、安心したくつろいだ気分になります。混乱の映像では、次に起こることの予想がつかず、いらいらした気分になります。」

確かにずいぶんちがうようですね。ここでひとつおもしろい実験をしてもらいます。混乱の映像に修正を加えて、理解の映像と同じようにしてください。内容に手を加えてはいけません。まずスライドを動きのある映像に変えてください。難しいかもしれませんが、時間の経過を追って何枚かのスライドを思い描き、それらを次から次へと映せば、映画のでき上がりです。そもそも映画とは静止した映像の連続にすぎないのです。

次にその映画の内容を説明する音声を加えてください。さらに、画面を近づけ拡大します。理解している方の映像と同様にです。さあどんな感じですか。「理解」できましたか。

男「はい。何が起こっているかがよくわかりますし、ずっと楽な気分です。どちらの映像も同じような印象を受けます。」

小さな静止した絵よりも、大きく、動きのある、しかも説明つきの映像の方が含まれる情報も多く、系統だっていますから、理解しやすいのも当然のことと言えましょう。あなたにとっての「理解」とはこのようなプロセスのことなのです。

混乱から抜け出す

混乱から抜け出すために、より多くの情報が必要な場合もなくはありません。しかし多くの場合は、十分な情報がありながら、消化されていないだけなのです。人間は、自分で考えているよりもずっと多くのことを知っているものです。それどころか、知識の過剰が混乱をもたらすのです。

混乱とは、莫大な情報のとりとめもない寄せ集めのことなのです。これに対し、理解の方は整理がゆき届いており、無駄がありません。数学の方程式や、よくできた詩のようなものです。たくさんの情報の中から、単純明快なエッセンスが抽出されるのです。先ほどの例では、映像に修正を加えることによって、大事な情報がとらえやすくなったのです。頭を使いこなすということは、すでに持っている知識を引き出し、整理し、利用することなのです。

情報が不足していると感じた時には、質問が必要となります。質問に対して得られた回答が単なる知識の断片でしかなければ、理解のための役には立ちません。しかし、得られる情報がそれまでに蓄積された知識の整理に役立つならば、理解への大きな助けになります。

理解へのプロセスを逆にたどると、どうなるでしょうか。もともとは理解していたことに関する映像を小さく、遠くへ押しやり、音声も消してしまうのです。

男「緊張した気分になってきましたし、少し混乱してきました。」

このようにして、確かだと思っていたことを混乱の世界に引きずりこむことができるのです。このような操作は、こっけいに思えるかもしれませんが、役に立つこともあるのです。あることについて、当人は理解していると思っているものの、実際にはわかっていないという人が時々います。その根拠のない自信がもとで、彼らはしばしば面倒に巻きこまれてしまうのです。彼らを適度に混乱させることができれば、彼らは謙虚になり、周囲の言うことに耳をかすようになるでしょう。

適度な混乱

先ほどの例では、ものごとを理解するためには、もっている知識を、大画面の、解説つきの映画としてまとめることが必要でした。いったんこのプロセスがわかってしまえば、いつでも何かについて混乱に陥った時には、積極的に応用することができます。情報が不足している場合には、映画のコマが飛んだり、音声がとだえたりして、完全な理解にはいたらないかもしれません。しかし、それによってどのような知識を補えばよいのかがはっきりします。この人にとっては、この方法が理解へいたる最善の道なのです。

では皆さんもパートナーを見つけ、先ほどと同じような問答をしてください。

①まずパートナーに、混乱していることと、それと似てはいるけれども理解していることを頭に描いてもらいます。内容について話をしてはいけません。

②その両者の相異点をたずねます。類似点を気にする必要はありません。どこがちがうかについてだけ注目してください。

③少なくとも二つほどちがいを見つけ、混乱の方に修正を加えて、理解している映像と同じようにしてください。

④混乱していた対象について理解できたかどうかを調べます。理解できたようならそれで完了です。まだ理解にいたらないようであれば②のステップにもどり、別の相異点を探します。パートナーが理解するか、あるいは理解するために欠けている情報がはっきりとわか

るまで続けてください。

ひとりひとりのちがい

あなたのパートナーの考えている「理解」や「混乱」が、あなたの考えているものとちがっていることがわかったことと思います。そのちがいについて聞かせてください。

男「私の場合、混乱は垂直同期のうまくいっていないテレビのようなものです。画面が次々に流れていってしまってとらえることができません。その動きをゆっくりにして安定させると、意味がつかめてきます。これに対し、私のパートナーの場合、すぐ目の前に広がるパノラマです。できごとがあまりに近くで起こるために全体像をつかむことができないのです。それらを理解するためには、一、二歩下がって全体を見直さなければなりません。」

男「私のパートナーは科学者です。混乱している時にはただの映画しか見えません。これを彼は『生データ』とよんでいます。理解するにつれて映画の画面上に小さな図表が現れます。この図表は重要な情報を抽出するのに役立ち、それにつれて映画の方は短くなっていきます。ついには、さまざまな整理された情報を盛りこんだ図表つきの、わずかに動く程度の映像になってしまいます。情報整理のやり方としては、非常に効率のよい方法といえましょう。

女「何かを整理できた時、私の頭の中には五つの映像が同時に映し出されています。マルチチャンネルのテレビのようなものです。混乱している時には、ぼやけた映像がひとつしか見えません。これに対し私のパートナーの場合、理解できたことはいつでも彼女の右側にあります。よくわからないことは正面に、そして全く知らないことは左側にあるのです。」

男「私のパートナーは少し変わっています。彼女の混乱の映像は、はっきりピントが合っており、理解の方が白くぼやけているのです。はっきりした映像に手を加えてピントをずらすと、理解したという気分になるのだそうです。」

それは確かに変わっていますし、ふつうとは逆のような気がします。もしこれが本当だとしたら、彼女の理解は行動を起こす場合には役に立たないと思われます。何かことを起こすには、細かいことまで知る必要があるからです。しかし、彼女のやり方が役立つ場合もあり得ます。パーティーを楽しむ時などには、もってこいでしょう。彼女はいろいろな人との会話を理解し楽しむ、ものわかりのよい人ということになります。明るくぼやけた映像をつくり出すだけならば、大量の情報は必要ではありませんし、すばやくできるからです。

ただ、逆のパターンの人と結婚した場合には問題が起こるかもしれません。夫婦で話し合いをした時、夫にとって論点が明確になるにつれ、彼女の方は混乱してしまうからです。ですから彼女が両方のものの見方をマスターしたとしたら、すばらしいことだと思います。

パターンを使い分ける

今、あなたが非常に有効な理解へのテクニックをマスターしているとしても、それが、いついかなる場合にも最善の方法であるとは限りません。少し前に、映像の中に図表が現れるという科学者の方の話が出てきましたが、このやり方は、物理の分野では強力な手段ではあっても、人間の行動についてはあまり役に立たないと思います。人間の行動は、小さな図表にまとめるには少々複雑すぎるからです。ですからさまざまな理解のパターンを身につけ、時と場合に応じて使い分けることができたら、あなたのもっている可能性を広げることができるのです。

このような意味で、他人の理解のパターンを経験してみていただきたいと思います。先ほどと同じ相手と組になってください。すでにパートナーの理解と混乱については、両者の相異点はすでにご存知のはずです。ここでは、あなたの理解と相手の混乱とをくらべてみてください。

ちがいがわかったら、あなたが理解していることを思い描き、まず、これに変更を加えてパートナーの混乱と同じようにします。引き続き修正を加えて、パートナーのやり方にしたがって理解へともっていきます。その過程でひっかかったり、やり方がわからなくなったりしたら、相手に質問してください。ここでの目的は、相手の理解のパターンを体験することにあります。

ここまでできたら、あなたの理解のパターンと、相手のやり方を比較してください。相手のやり方は必ずしもよいとは思えず、採用する気にもならないかもしれません。しかし、役に立たないと決めつけるのは早すぎます。あなたが不得意とする分野で威力を発揮するかもしれないのです。そうでなくても、同様の考え方をする人びとを理解する役には立ちます。

他人の理解のパターンを経験した感想を聞かせてください。

ぼんやりした虹

男「私自身の理解は細かい部分まではっきりしていますので、機械的なことを理解するのが得意です。私のパートナーの場合はずっと抽象的で、理解に到達するとぼんやりした虹が見えると言います。このやり方を試みたところ、機械的なことに対しては全く役に立ちませんでしたが、人間についてはずっとよく理解できるように思いました。しかし、その印象は、これまで私が理解とよんでいたものとはずいぶんちがっていました。色彩はすばらしく、暖かく、感動的でした。」

女「私の場合、理解といっても、細部にいたるまで鮮明な映画が見えるだけです。私のパートナーは、二つの画面が重なって見えるそうです。手前の方は自分も参加している主観的な画面、奥の方は客観的な画面です。理解した時には、二つの画面が一致するのだそうです。この方が役者だと聞いて納得しました。劇を演じている時には、自ら参加するのはもちろんのこと、観客の目にどう映っているかを客観的にながめることも必要なわけです。私自身は、すぐに状況の中に飛びこんでしまい、客観的な見方をしたことがありませんでしたから、彼のやり方は大変参考になりました。」

立体的なパノラマ映像

他人の理解のパターンを知ることは、その人の世界へ入っていくこのうえない方法です。成功した人物が、どのようなパターンを示すかは興味のあるところです。米国オレゴン州に住む大成功した実業家の場合は、次のようなぐあいでした。

まず、理解しようとしている計画についての映像を思い浮かべます。それを拡大し、立体的なパノラマ映像に変化させます。彼自身はその中にいます。そうしておいて映写を始めます。映画の先が見えなくなった時には、いったん画面の外に出て距離をおいてながめます。そしてまた、映像の中に入りこんで映写を続けるのです。これは、非常に実用的な理解の方法で、理解と行動とが密接に結びついている例です。

ものごとを理解することは、生きていくうえで欠かすことができません。もし、経験から何も得ることがなく、何の教訓も得られなかったとしたら大変なことになってしまいます。私たちは、それぞれ一キロに余りある灰色の物体を頭の中におさめており、これを利用して世の中のことを理解しようとしているわけです。この、脳とよばれる物体は、すばらしい能力をもっています。しかし、それでも何から何まで完璧に理解することはできません。何かを理解したというのは、その他についてはわからないということです。カール・ポッパーの次の言葉は真実をついています。「知識とは無知のしゃれた言い換えにすぎない。」

役に立たない理解

ところで、理解には何種類かあって、役に立つものと立たないものとがあります。第一の種類は、ものごとを正当化し、状況を変えようとする試みを否定するものです。「世の中はこういう仕組みになっているのだから、これまで通りのことを変えることはできないのだ」といったぐあいです。分裂病患者や学習能力に欠けている人の理解はこのような例が多いようです。これらは結局は「何もできない」と言っているのと同じで、何もうみ出しませんから、私自身はあまり興味がありません。

第二の型は、あなたに「納得できた」という心地よい感じを与えるだけの理解です。先ほど、理解に伴って映像がぼやけるという女性がいましたが、それもこの型に当てはまります。たとえば「神経言語プログラミング」という言葉を見た時に、「ああ、この言葉は前に見たことがあります。ですから理解していますわ。」と反応する場合の「理解」で、これも何の行動にもつながりません。

第三の種類の理解は、あなたに重要な概念を納得させはしますが、行動にはいたりません。多くの方が、自分では気にいらないけれども、直すことができない癖をおもちかと思いますが、その癖に対する「理解」がこの種のものです。概念は大変有用ではありますが、それは実行に移せるという裏づけがあってのことなのです。この意味での理解によって、他人にある考えを論理としては受け入れさせることはできますが、行動までを変えることはできません。「汝、殺すなかれ」などはその最たる例でしょう。

新たな行動へつながる理解

私が興味をもっているのは、新たな行動へとつながる種類の理解です。私が講演会やセミナーで話をしていることは、すべて新たな行動に結びつくものです。非常に簡単なことなのですが、それでも時々、聞いている側のそれまでの「理解」と相容れない場合があります。このような場合の正常な反応は、混乱してしまうことなのですが、私が混乱をもたらしたとして文句を言う人びとが時々います。このような人は、混乱するということが、新たな理解のためのステップであることに気づいていないのです。

先ほどの実験でおわかりいただけたように、混乱は情報を再編成して整理しなおすためのよい機会なのです。新たなことを知り、新たな次元からものを見聞きするチャンスなのです。

もしも、私がお話ししていることを、混乱もせずに完全に理解することができるとしたら、それはあなたが何も学んでいないことを意味しています。これまでのものの見方が少しも変わっていないのです。逆に、混乱してきたら、新たな次元での理解の前ぶれと思ってください。新境地へ達することができるのです。

分割されたスクリーン

混乱の余地があらかじめ理解の中に組みこまれているような人もいます。ある技術者の場合、理解への鍵は八行八列に分割されたスクリーンでした。理解が進むにつれてスクリーンが画像で埋まっていきます。九割がた埋まってしまうと、ほぼ完璧に理解できたという気分になりますが、常に空白の部分が残っています。これが、新たな情報による「混乱」を受け入れ、過度の確信を防ぎ、新たな理解へ備えるための余地なのです。

ある優秀な女子学生にとっては、客観的な映画が「理解」の実体でした。彼女の場合、理解と行動は紙一重であり、必要に応じて画面の中に入りこめば、すぐに行動に移れるのでした。ところでその画面の後ろには、異なった状況での映画も重なっているのです。何かを理解するために何種類の映画が必要かをたずねたことがあります。答えはこうでした。「それは程度の問題です。種類が少なければ、理解の程度もたいしたことありませんし、種類が増すにつれ理解も深まります。それでも、完璧に理解することはできません。」

これに対して、たった一度の経験で、すべてが理解できたと思いこむ人もいます。私の知り合いにも、一度飛行機を操縦しただけで飛行機の操縦をマスターしたと思いこみ、いつでも、どんな飛行機でも、そしてどんな天候の時にも、飛ぶことができると確信してしまった男がいます。彼が五日間にわたる私のセミナーに参加した時のことです。最初のテクニックを学ぶやいなや、神経言語プログラミングをマスターしたと豪語して一日目の午後には引き上げてしまいました。

確信をもちすぎること

世の中のできごとを理解しようとする時に、ただひとつのパターンだけにこだわっていると、いくつかの弊害が生じてきます。その第一は深刻になりすぎることです。何かすばらしいことをしようと決心しても、深刻になりすぎると、かえってうまくいかないものです。

なにごとにつけ、確信をもち過ぎることが、第二の弊害です。確信をもったとたんに、思考が停止してしまうからです。何かについて百パーセント確信した時には、何かを見落としているにちがいありません。あることをしばらくの間無視することは、場合によってはかまいませんが、過度の確信によって大事なことを永久に見失ってしまうおそれがあるのです。弊害の三番目は、「重要」というレッテルをはってしまうことです。特に自分に関することに「重要」のレッテルをはってしまうと、たちが悪いようです。ひとつのことを「重要」と考えたとたんに、他のことには目を向けなくなってしまいます。「重要」というレッテルがつまらないことの正当化や、不愉快きわまりない仕事をするための理由づけに使われることも多いのです。

ゆきづまり

多くの人にとってゆきづまりとは、何かを求めているのに手に入らない状況を意味します。そのような時に自分の体験を振り返り、自分が求めていることが本当に重要なのかどうかを考え直してみようという人は、ほとんどありません。しかし、ゆきづまりには、もうひとつの種類があるのです。望んでもいないし、手にも入らないという状況です。つまり、その時点で何を求めたらよいのかがわかっていないのです。この意味で人間の限界のひとつと言えましょう。

例として、何か有用で、しかも楽しいことを考えてください。次に記憶をたどって、まだその存在すら知らなかった、あるいは重要性に気づいていなかった頃のことを思い描いてください。いかがですか。当時は、自分がゆきづまっているなどとは考えもしないし、状況を変えてみようとは思わなかったのではありませんか。その当時はその当時なりに、自分の理解していることが世の中の全てだと確信していたのではありませんか。これこそが、新たな進歩に対するゆきづまりそのものなのです。

確信は、他のどのような精神状態よりも、人間の進歩を遅らせる原因となります。とはいっても、確信も主観的な経験のひとつですから修正することが可能です。

ためしに、あなたが理解していると確信していることについてくわしく思い出してください。あなたは学習の途上にあり、そのことについて教わっているところです。習うことがやさしくても難しくても、いずれにしてもやがて、「なるほど、わかった」という瞬間がくるはずです。できる限り克明に思い出してください。

記憶を逆にまわす

次にその思い出を逆まわしにしていただきます。例によって、映画を結末から映していくようなぐあいにです。これが終わったら、もう一度、先ほど習っていたことを思い返してください。何か変化はありませんか。

女「普通に映写した時には混乱から理解へ向かっていましたが、逆まわしにすると、理解していた状態から混乱にもどってしまいました。それでも、理解することはできるという感じが残っていて、知識を得る前と全く同じ状況というわけではありません。」

男「逆まわしにした時には、その映像から抜け出して客観的にながめていました。そのおかげで、新しい視点が得られましたし、内容についても新たな知識が得られたような気がします。」

経験をそのままながめて、そとから情報をとり出すことは大部分の人がふつうにしていることですが、逆転させてみることはめったにありません。しかし、逆転することによって、それまで気づかなかったことが明らかになることもあるのです。

女「逆まわしにすることで、全体は変わりませんができごとの順序が入れかわり、細かい部分が変化し、受ける印象が変わりました。」

記憶を逆転するだけで、多くのことが新たにわかったことと思います。前の発言にもありましたが、逆まわしによって経験したできごとの順序が変わります。例として次の二つのことを考えてください。（1）あることができる。（2）あることができない。まず（1）、（2）の順序で考えてみます。それまでやれたことができなくなってしまいます。次に（2）、（1）の順序で考えてみましょう。今度はできなかったことができるようになります。実に大きなちがいではありませんか。

できごとの順序を変える

あなたがこれまでに体験したできごとは、特定の順序で起こってきました。特に計画があったわけではなく、たまたまその順序で起こったにすぎないのです。あなたの理解の多くは、この偶然の順序に基づいているのです。順序が一通りしかないので、受け入れ方も一通りです。そしてこれが、あなたの「理解」を決定してしまっているのです。もし、できごとの順序が入れかわっていたとしたら、あなたの受けとり方も、そしてそれに対する反応も変わっていたことでしょう。

これまでのあなたの人生は、貴重な財産であり、あなたはこれを携えてこれからも生きていくことになります。この財産が今後何を生み出すかは、これをいかに使いこなすかにかかっています。ただ一通りの使い方しか知らなければ、他の多くのことに気づかず、多くのすばらしい思いつきを見逃してしまうことになりかねません。あなたの可能性を限られたものにしてしまうのです。

過去のできごとを、起こった通りに回想したり逆向きに思い返したりというのは、無数のやり方のうちの二つにしかすぎません。ひとつの経験を四つに分けたとすると、その並べ方は全部で二四通りになります。さらに細かく分ければ組み合わせの数はどんどん増えていきます。そしてそれぞれの組み合わせが異なった意味をもちうるのです。神経言語プログラミングのテクニックの多くは、経験の順序を変える方法でもあるのです。

「見逃したことはないか」

ここで、あなたの意識の改革のうえで、最も重要と思われることを伝授いたしましょう。それは、成功した時に疑いをもっということです。何か仕事をうまくやり遂げ、それに確信をもった時にこそ、何か見落としていることがないかを、疑いの目をもって見直してください。ひとつのやり方でうまくいったとしても、その他のやり方ではうまくいかないということではないのです。

その昔、地面からとり出したベタベタする黒い液体を燃やせば、明かりが得られることに気づいた人びとがいました。さらに、大きな金属の箱の中で燃やせば、動力が得られ、あちらこちらへ動かせることにも気づきました。さらに、大きな筒を準備してその端で燃やせば、月へ送りこむことすらできるようになりました。

しかし、だからといって、明かりをともし、車を走らせ、ロケットを打ちこむのに、別の方法がないということにはなりません。今から百年もたてば、人びとは私たちの高度なテクノロジーの成果を、あたかも、私たちが現在馬車や牛車を見るのと同じような目でながめるにちがいありません。

人類にとって大きな発明であっても、その初期においては比較的簡単なものでした。そこから出発し、少しずつ進歩改良を重ね、ついには驚くべきレベルにまでいたることができたのです。もし、その過程で発明家たちが一度でも「うまくいったぞ。これ以外の方法はあり得ないし、もう他にはやることはない。」と考えたとしたらどうなっていたでしょうか。人類の進歩はそこで止まってしまったにちがいありません。

何かに成功し、確信をもった時ほど、「見逃したことはないか」を反省する機会は少なくなるものです。私がお話ししているテクニックは、効果があるはずです。しかし、他にも方法があり得ること、そしてそちらの方がさらにうまくいく可能性もあることは覚えておいてください。

7　信念を越えて

信念も変わる

人間の行動は「信念」あるいは「思いこみ」とよばれる、いささかやっかいなものを中心に組み立てられていると見ることができます。あることが重要だという場合も、重要でないという場合も、それぞれの信念に基づいた発言なのです。いかなる行動も、信念にかりたてられたものと見ることができます。かつては子供に刺激を与えすぎると落ち着きがなくなると信じられていたため、親は子供をあまり興奮させないようにしたものです。ところが今では、どんどん刺激を与える傾向にあるようです。それが知能の発達に役立つと信じられるようになったからです。

信念とは実に驚くべきもので、善良な人びとをかりたてて、人殺しをさせることさえあるのです。その人の信念につけ入れば、何でもさせることができますし、どんなことでもやめさせられます。しかし、信念は生まれつきのものではありませんから変化することもあります。あなた自身、後から見ればばかげたことを信じていた時期もあったでしょうし、以前は思いもよらなかったことを現在信じている場合もありましょう。

信念という概念は、そのために人殺しをもひき起こしかねないほど重要であるにもかかわらず、多くの人びとにとっては非常にあいまいな概念です。ここではまず信念がどのようなものであるか、そしてどうしたら変えることができるかをお見せしたいと思います。どなたか自分に関する信念で、変えられたらよいと思うようなものをおもちの方はいませんか。何らかの意味であなたの可能性を制限しているような信念です。それを変えたら、世界観も変わるというような信念でしたら好都合です。

男「はい、もっています。」

では実験台になっていただきましょう。まずその変えてしまいたい信念を頭に浮かべてください。内容を話す必要はありません。また、それとは別にあなたが疑いをもっている事柄を考えてください。本当かもしれないし、そうでないかもしれない、とにかくわからないという事柄です。

次に今頭の中にある二つの情景、「信念」と「疑惑」を注意深く比較して、両者のちがいを教えてください。前に理解と混乱についてやったのと同様です。

信念と疑惑のちがい

男「『信念』の方は、大きく明るく細部まで生き生きとした映像でふちどりがされています。また、視野を大きくふさいでいて背景があまり見えません。これに対して疑惑の方は、薄暗くぼやけていて時々薄れてしまいます。また視野の一部を占めているだけで背景が広く、枠はついていません。」

両者のちがいをまとめてみましょう。

信念	**疑惑**
大きい	小さい
明るい	暗い
くっきりしている	ぼやけている
安定している	点滅している
視野の中心にある	視野の右上すみの方にある

枠つき　　　　　　枠なし
背景小　　　　　　背景大

次のステップは、表を見ながら、どの要素を変えたら大きな変化が得られるかを調べることです。まず信念の方の映像をだんだん小さくしてみましょう。

男「真実味がやや薄れたような気はしますが、たいしたちがいはありません。」

私「では大きさはもとにもどして、『信念』のまわりの枠をとってみてください。」

男「枠をはずしたとたんに画像が小さくなりました。印象もやや薄れたようです。」

私「なるほど、枠は大きさと連動していて、大きさだけの場合より大きな変化をもたらしたわけです。では枠をつけ直してください。次に画面のピントをずらしてややぼかしてみます。」

男「何の変化もありません。」

私「また画像をもと通りにします。今度は暗くしてください。」

男「暗くしたとたんに、画面が現れたり消えたりし始めました。疑惑の方の画面に似ています。」

私「明るさと点滅とが連動しているわけです。次に画面の位置を変えてみましょう。視野の中心から右の方へずらしてみます。」

男「ふわふわして足が地についていないようなおかしな気分です。心臓もドキドキしています。位置を変えると、他の要素もいっせいに変わり始めました。画像が小さく、薄暗くなり、ぼやけてきました。枠は消え、点滅が始まりました。」

わかりました。映像をもとの位置にもどしてください。位置を変えると、他の要素も変わってしまいました。つまりあなたの場合には「位置」が、信念と疑惑を区別する鍵なのです。ですから、頭の中の映像をわきに押しやることによって信念を疑惑へと変えてしまうことができます。ただし、その前に現在の信念が抜けた後を埋めるものを見つけなければなりません。今の信念に代わってこうありたいという望ましい状況ははっきりと自覚していますか。

男「細かい部分までは、はっきりしていません。」

ではすぐに考えていただきましょう。状況の設定にあたっては、否定的表現ではなく、肯定的な表現を使ってください。「こうはありたくない」ではなく「こうありたい」というぐあいです。また到達目標そのものではなく、目標にいたる過程を対象にしてください。たとえば「神経言語プログラミングをマスターする」ではなく、「マスターするために集中して学習することができる」といったぐあいです。

信念を入れ替える

それができましたら、社会性チェックというのをやってみましょう。新しい信念を獲得して、行動のパターンが変わったと想像してください。その変化が、あなた自身、周囲の人びと、あるいは同僚の人びとに何らかの問題を引き起こす可能性はありそうですか。

男「いいえ、全くないと思います。」

私「それは結構。ではこの新しい信念は一時おいておくことにしましょう。今はまず、あなたの気にいらない、古い信念の大きな映像を思い浮かべます。次に映像の位置をずらして、疑惑と同じところへ押しやります。こうすると映像は小さくなり、薄暗くぼやけて、点滅を始めるはずです。」

男「その通りです。いまや他の疑惑の映像と区別がつきません。」

私「映像の点滅に注目し、消えた時をねらって先ほどの新しい信念をはめこんでください。さらに、その位置を視野の中心にもってきます。それとともに映像の大きさ、明るさ、鮮明度などに注意してください。」

男「これは驚きました。いまや新しい信念が、先ほどまで古い信念のあった場所におさまっています。監獄から解放されたような気分です。自分で興奮しているのがわかります。」

私「それだけではなく他にもすばらしい変化が起こりつつあるのです。しばらくあれこれ調べてみてください。」

男「こんなに簡単にうまくいくとは信じられない気持ちです。」

私「古い信念の方を思い浮かべるとどんな感じがしますか。」

男「干上がってしまったような印象を受けます。」

私「古い信念がすでにもとの場所にはないからです。その印象によっても入れ替えがうまくいったことがわかります。ところで何か質問があればお答えしましょう。」

男「望ましい状況を考えて、それをいきなり信念に変えてしまうことはできないのですか。ちょうど、混乱を理解へと変えてしまったようなぐあいにです。」

混乱から理解への場合、理解以前にはそこに場所を占めているものはありませんでした。これに対して信念の場合は、すでに古い信念が存在しているわけですから、これをまず取り除かなくてはならないわけです。新しい信念は古い信念とは全く異なることが多いのです。あることを信じきっている人に、逆のことを信じこませようとしても簡単にはできません。すでに相手がもっている信念が、新しい信念を受け入れる際の障害になるからです。

人格の分裂

次のような例を考えてみましょう。ある行動について「すばらしいことだ」と信じている人に、この信念はそのままに、「それはよくない」と思いこませることができたとしたらどうでしょうか。最も起こりそうなことは、人格が分裂してしまうことです。ある時は一方の信念に基づいた行動をとり、別の時にはそれとは全く異なった信念にしたがって行動するようになってしまうでしょう。つまり二重人格です。これは決してよい結果とは思えません。ですからあらかじめ古い考えは消去しておく必要があるのです。

女「先ほど、ふわふわ浮いたような感じという発言がありましたが、これはどういうことなのでしょうか。」

その反応から二つのことがわかります。ひとつは彼の心の中で急激な変化が起こったということ。二つ目は、彼がまだ古い信念と置きかえるべき新しい信念をもっていなかったということです。古い信念が打ちくだかれてしまった時に、代わりに信ずることがないと、人びとは途方にくれてしまって立ち直るまでに時間がかかるものです。会社をクビになったとか、友人や親戚を失ったとかした場合によく見られることです。

大学で哲学の教授にそれまでの信念を壊されてしまったある男性は、落ちこんでしまい、何もすることなく半年以上もふらふらしていたということです。ですから古い信念を消去する前には、それに代わるものをあらかじめ待機させておきたいものです。

信念置き換えの方法

今行った信念置き換えの方法を次にまとめておきます。三人一組で試みてください。被験者を別のひとりが誘導し、三人目の人は、観察者の立場で客観的なアドバイスを与えます。

〔1〕準備のための情報収集

(1) 信念

あなたが改めたいと感じている、あなた自身に関する信念を考えてください。よくない結果をもたらしたり、あなたの可能性を限定してしまっているような信念です。頭の中に具体的なイメージを描いてください。

(2) 疑惑

次にあなたが疑いを抱いていることを思い描いてください。

ここでいう疑惑とは、本当かどうかがわからないことのことです。「その考えに疑問を抱いている」と言った場合、「その考えは妥当でないと信じている」ことが多いようです。この点に注意してここでは、本当かどうかを決めかねている事項について考えてください。

（3）ちがいを見つける

頭に描いた信念と疑惑の映像を注意深く比較して、どのような要素にちがいがあるかを見きわめてください。

（4）鍵となる要素を見つける

（3）でリストアップした要素をひとつずつ変えてみて、どれが最も大きな影響を与えるかを調べてください。二つ以上の要素を一度に変えてはいけません。

（5）新たな信念を準備する

変えてしまおうとしている古い信念の代わりとなるべき考えを、はっきりさせておきます。肯定的な表現であることが重要です。また、目標そのものではなく、目標にいたる過程に関することでなければなりません。「体重を減らす方法をマスターできる」と考えるのはよいことですが、「五〇キロになる」というのはここでは適当ではありません。私たちが求めているのは、新たな可能性へとつながる信念であって、新たな妄想ではないからです。また新たな信念を導入する場合には、それが知人、同僚、家族あるいはあなた自身に問題を引き起こすことがないかどうかを確かめることも重要です。あらゆる角度から検討し、必要があれば修正してください。

〔2〕信念の入れ替え

（6）信念を疑惑へ変える

変えてしまいたいと考えている信念の映像に修正を加えて、「疑惑」の映像と同じようにしてしまいます。ここでは（4）のステップで見つけた鍵となる要素を利用します。たとえば、目の前に広がる立体的な映像を、遠くの方に見える、動きのないスライドに変えてしまうといったぐあいです。この段階ではまだ内容に手をつけてはいけません。

（7）内容を置き換える

（6）で使ったのとは別の視覚的要素を利用して、古い信念と、新しく信念となるべき状況とを置き換えます。先ほどの例のように画像の点滅を利用することもできますし、古い画面をどんどん暗くしていき、見えなくなったところで新しい映像に置き換え、再び画面を明るくすることも有効です。あるいは、古い画面を遠ざけていき、はるかかなたで置き換え、再び近づけることもできるでしょう。

（8）新たな状況を信念に変える

（6）のステップで行った手順を逆にたどって、新しく設定した状況を信念に変えます。

（6）のステップで映像を視野の中心から隅の方へ移動させたとすれば、新たな映像を中心へと移動すればよいのです。この過程が何の「抵抗」もなく行えるかどうかに十分気をつけてください。新しい信念にどこか無理がある場合には、何らかの「抵抗」があるはずです。そのような時にはステップ（5）にもどって、新しい信念について再検討を加えてください。

〔3〕確認

（9）いろいろな角度からチェックする

新しい信念やかつての信念について考えた時に、それぞれの映像の視覚的要素がどうなっているかを調べます。またこの時、言葉に表れないからだの反応なども重要です。

神経言語プログラミングの仕事の九五％は情報収集で、実際の操作は五％にすぎません。初めの五つのステップは、信念の変化を手ぎわよく行うための情報収集です。この段階がうまくいけば、後は将棋倒しの最初のこまをはじくようなものなのです。

ではいよいよ三人一組で実際にやってみてください。

大きな衝撃

さあいかがでしたか。ようすを聞かせてください。また、質問があればお答えしましょう。

男「信念の変化が起こったとたんに、心の中を大きな衝撃が駆けぬけました。二人のパートナーにたずねてみると、外見でも大きな変化があったようです。これがふつうなのですか。」

そのような反応は、あなたが変化させた信念があなたの行動パターンにとって核となる中心的なものだったことを示しています。もし、変化を起こした信念が些細なことであれば、劇的な感情の変化は起こりません。

女「私は減量する時にいつも最後の二キロのところで苦労してきました。『目標値の近くまでは簡単に減らせるけれども最後の二キロが難関で、これを克服するには大変な努力が必要だ』というのが何年来も私が抱いていた「信念」でした。そこでこれを『最後の二キロを減らすことなど簡単なことだ』という信念に変えてしまいました。するとどうでしょう、非常にくつろいだ気分になれたのです。」

男「私は彼女が信念を変える過程に立ち会っていましたが、感動的ですらありました。顔の表情、声の調子、身振りなどすべてがくつろいだ感じになったのです。」

男「夜、眼鏡なしで運転すると危険だ、というのが初めの信念でした。これを眼鏡なしでも安全に運転できるという考えに変えたいと思いました。ところがパートナーに、この設定は目標そのものだし、腕が伴わないのに安全に運転できると思いこむのは危険ではないかと指摘されました。そこで新たな信念を、眼鏡なしで夜間安全に運転する方法を学びマスターできるというものに修正しました。そこで気づいたのですが、その信念は、何も運転に限ることはないわけです。常に学ぶことができるとしておけば、応用範囲がずっと広がるわけです。」

何かを学びマスターすることができないという信念を変えることができれば、多くの人に利益をもたらすにちがいありません。多くの人は一度トライしてみてうまくいかないと、もうできないものだとあきらめてしまうようです。しかし、私は、だれでもどんなことでもやることができるという前提から出発したいと思います。目標を扱いやすいように整理し直したり、学び方を変えたりする必要があるかもしれませんし、上達するまでに時間はかかるかもしれませんが、マスターできるという信念をもって歩き始めれば、遠い道のりも踏破できるのです。

火の上を歩く

男「人間の限界を打ち破る方策として、炭火の上を歩かせるやり方もあるようですが、どうお考えですか。」

火の上を歩くなど不可能だと考えていた人に、実際に火渡りをさせることができたとしたら、以前の信念を打ち砕くには十分でしょう。特に、「火渡りができるのだから、もはや不可能なことはない」などと吹きこまれていたとしたらなおさらです。しかし、この方法ですと、古い考えを取り除いた後に、ねらい通りの信念を植えつけることはできません。火渡りがすばらしい結果をもたらした例もいくつか知っていますが、これらは偶然にすぎないと考えています。どのような信念が新たに形成されるかをコントロールできないわけですから、とんでもない妄想にとりつかれるおそれもあります。

火渡りに関するもうひとつの問題点は、信念を変えるためには劇的な儀式が必要だという印象を与えてしまうことにあります。信念の変更は、容易にそして着実に行うことができるのです。それがうまくいくかどうかは、自分自身の脳をどう使いこなすかにかかっているのであって、炭火の上を歩くこととは無関係です。

ところで、火渡りなる儀式を物理学の立場からながめてみましょう。歩行距離、歩行に要する時間、足の裏が炭火と接触している時間、さらには、炭火から足への熱の移動のようすなどを考えあわせると、炭火の上を、一秒かけて三メートルあまり歩くことは、もっともらしい儀式のあるなしにかかわらず、だれにでもできることがわかります。このことに気づいている人がほとんどいないことが「火渡りの儀式」のミソなのです。

相手の信念

女「自分で主張していることと、やっていることが一致しない人がよくいます。たとえば、私の上司はいつも他人には礼儀正しくするように言っていながら、彼自身は何とも無礼な人間なのです。これはどういうことなのでしょうか。」

可能性はいくつか考えられます。ひとつは、彼自身が言っていることを本気には信じていない場合です。多くの「知識人」が偉そうなことを言っていても、行動が伴っていないのと同じようなものです。

別の可能性は、彼の発言は彼の信念そのものなのですが条件がついている場合です。つまり「彼以外」の人間は彼に対して礼儀正しくなければならないけれども、彼自身は特別だからその必要がないと考えている場合です。独裁者や、ちやほやされている映画スターなどにこのような例の見られることがあります。また、彼にとって「礼儀正しい」ふるまいが、あなたにとっては「無礼」に見えるだけなのかもしれません。

相手の同意が得られれば、信念を変えさせるのは比較的容易です。しかし相手にそのつもりがないと、やや困難になります。また、ここでの話の中では、変えるべき信念がはっきりわかっていることを前提としましたが、いつもこれが明らかであるとは限りません。さらに、当人が修正したいと望んでいる信念が、その人の行動を制約しているものでない場合もありますから、慎重に検討する必要があります。

慎重に

　ここでは信念改良の内容よりは、手続きに主眼をおいて話を進めてきました。内容に目を奪われると、手続きの理解がおろそかになるおそれがあるからです。しかし、もちろん信念の内容も重要です。手続きについて習熟した後には、内容について検討することは、新たな信念を考える際に、効率的な状況設定をするうえで大いに役立つことでしょう。

　いずれにしても、信念は人間の行動に非常に大きな影響を与えるものです。望ましい信念を獲得できればこれほどすばらしいことはありませんが、まちがった信念が植えつけられてしまうと、これほど有害なものもありません。ですから、新たな信念を導入する場合には、くれぐれも慎重にならなければなりません。

8 学習

鏡に映ったDNA？

長い間教育に携わる人たちと接してきて気づいたことですが、彼らは専門分野に関しては優秀で豊富な知識をもっているものの、彼ら自身がどのようにしてその知識を身につけてきたかには無頓着で、ましてや他人にどう教えたらよいかについては、全くわかっていないようです。

一度、初級化学の講義に顔を出したことがありますが、その教授は三五〇人の学生を前にしてこう言ったのです。「ここに一枚の鏡があると考えてください。鏡の前にはDNAらせんの分子があり、後ろ向きに回転しています。」化学者になるような素養のある学生は言われた通りにし、納得していましたが、他の大部分の学生は嘆息をつくだけでした。

この教授は、自分ができるものですから、大部分の人間にとってはいきなり分子を想像しろと言われても、無理なことがわからなかったのです。分子の構造を、視覚化して想像する能力は、化学を学ぶうえでは重要な技術で、これを知らない人は学習によって身につけることも可能です。しかし、この教授は、この技術を前提として話を始めてしまったため、講義の初めから、大部分の学生を失うことになってしまったのです。

客観から主観へ

これまでに行われてきた学習のプロセスに関する研究は、大部分が「客観的」なものでした。これに対して神経言語プログラミングは、人が学んでいく過程の主観的な面を探求していこうとするものです。客観的研究は、障害や欠陥のある人びとを対象としますが、神経言語プログラミングは、正常な人の主観的な経験を対象とするのです。読書障害について知ろうとするならば、読書障害をもつ人を調べなければなりませんが、子供に読み方を教えるのであれば、ふつうに本が読める人がどうやっているかを研究する方が理にかなっています。

「神経言語プログラミング」という言葉をつくった時には、多くの人から「まるで精神をコントロールしてしまう方法のようですね。」と、あたかもそれが悪いことであるかのようにたずねられたものです。神経言語プログラミングはまさに、精神をコントロールする方法です。もし、脳をコントロールし、使いこなそうとしなければ、学習するしないは偶然にまかせるしかありません。これが、現在の教育システムであって、一二年にもわたり、知識の山を生徒の前に並べたてているだけなのです。この教育システムの問題点はたくさんありますが、そのうちのいくつかを見ていくことにしましょう。

学校嫌い

最も蔓延している問題のひとつは、多くの子供が学校でいやな経験をしていることです。特定の科目や学校そのものが、いやな思い出の引き金になって、学校へ行く気をそいでしまうのです。子供の拒絶反応が強い時には「学校恐怖症」とよばれることもありますが、このような状態は、これまでに紹介してきたテクニックを使えば、急速に改善することができるのです。しかしここでは、非常に簡単な方法をお見せすることにしましょう。

数学にあまりよくない印象をおもちの方が多いことと思います。方程式とか、平方根とか、あのたぐいのことです。それらをまず書いてみましょう。うんざりしますね。目を閉じて、数学とは全く関係ない非常にすばらしい体験、興奮と興味とを味わった状況を思い描いてください。

目を開けて、一、二秒方程式をながめ、再び目を閉じてすばらしい思い出に浸ってください。次には、方程式を四、五秒ながめてから目を閉じます。これを方程式とよい思い出とが融合してしまうまで繰り返します。

では確かめてみましょう。まず何の関係もない思い出を頭に浮かべ、心を中立の状態にしておきます。ここで方程式をながめます。いかがですか。方程式につきまとっていたいやな感情が緩和されてはいませんか。

これは、神経言語プログラミングの初期の頃から採用されている方法です。学校にまつわる悪い反応もこのようにして修正することができるのです。

さらに考えを発展させれば、そもそもの初めから、学習と楽しみとを結びつけることもできましょう。多くの教室では、生徒はきちんと並べられた机におとなしく座っています。子供たちは、こんな窮屈な状態でどれほど我慢できるのでしょうか。

窮屈で退屈な気分と学習とを結びつけてしまったら、だれも勉強しようという気にはなりません。コンピュータを利用した教育のすぐれている点のひとつは、コンピュータをいじるのが、子供たちにとって楽しみであることです。コンピュータはいつまでも待ってくれますし、人間の教師のように生徒を不愉快にさせることはありません。

記憶

学校で学ぶ生徒の直面しているもうひとつの大問題は、習ったことをどんどん覚えこまなければならないことです。教育とよばれていることの大部分は、実は記憶させることに他ならないのです。ただし、状況は少しずつ変わってきています。学ばなければならない情報が大量で、しかも増え続け、さらには急速に変化していることに教える側で気づき始めたからです。丸暗記は以前ほど重視されなくなり、それに代わって、必要な情報を必要な時に見つけ出し、利用する能力、そして忘れてしまう能力が重要になっているのです。しかし、もちろんそのやり方だけは記憶しなければなりません。

記憶はいつも体験と結びついています。あることを思い出すためには、その情報が与えられた時の心理状態にもどらなければなりません。ですから、もし何かをしてくれるように頼んだことによって、その人を怒らせたり不愉快にしてしまったとしたら、頼まれたことを思い出そうとすると不愉快になりますし、だれでも不快な気分を味わうのはいやですから、言われたことを記憶に残さず忘れてしまうことになるのです。

私たちが一二年、あるいは一六年にわたって教わってきたことの大部分をすっかり忘れてしまっている原因もここにあるのです。私自身、教わった内容はおろか教師の名前すら覚えていません。ただし、学校で過ごした最後の日のことは鮮明に記憶しています。楽しい経験と結びついているからです。

意味のない数字

私「名札を忘れた方がおいでですね。お名前は何とおっしゃいますか。」

女「リディアです。」

私「ではリディアさん、あなたは、大事だから忘れないようにと言われていた名札を置いてきてしまったのですから、ここでちょっとした実験に協力していただきます。あなたにある数字をお教えします。357です。この数字を忘れてください。忘れましたか。」

女「いいえ。」

私「何の意味もない数字を忘れることができないのに、大事な名札や講演の内容の方を忘れてしまうのはどうしてでしょうか。ところで先ほどの数字はいかがですか。もう忘れましたか。」

女「いいえ。」

私「無意味なことを忘れられないのはどうしてでしょうか。」

女「そのことについて話が続いているかぎり、記憶にどんどん強く焼きつけられていくようです。それが重要か重要でないかは関係ありません。特に、忘れろ忘れろとしつこく言われたら、もう忘れることはできません。」

なるほど、それが重要であろうとなかろうと、長い間話題にのぼり、しかも忘れるように言われたら忘れるわけにはいかない、ということですね。考えてみれば奇妙な話ですが、まさにその通りなのです。もし私がこれほどしつこく話題にせず、単に覚えているように言っただけであれば、彼女も忘れることができたかもしれません。

彼女は、意味のない数字はしっかり覚えているのに大事だと言われた名札の方は忘れてしまいました。他にも、他人に重要なことを依頼したのに忘れられてしまった経験をおもちの方がおられるでしょう。そのような場合には、相手が悪いと考えがちですが、話の伝え方の方も工夫できたのではないでしょうか。この教訓は覚えておく価値がありそうです。

電話番号

電話番号を覚えるのに苦労している方はおられませんか。ほとんどの人のやり方は、番号を何回も繰り返して唱え、耳をたよりに覚えこむという方法ではないかと思います。しかしこの方法は、たとえうまくいったとしても、思い出す時にはまた数字をひとつひとつ読み上げなければなりませんから、非常にのろい方法なのです。耳の代わりに目を使った、視覚的な記憶法の方がずっと効率のよい覚え方です。

視覚的に覚えた場合、すべての情報が一挙に目の前に現れますから、その中で必要なものを選び出せばよいのです。「学ぶのがのろい」と言われる子供の多くは、聴覚だけにたよって暗記をしていることが多いようです。一、二時間かけて、視覚も動員するように訓練すれば、学習能力は飛躍的に高まります。

記憶しようとすることと無関係なことをしても、暗記能力の大きな妨げとなります。電話番号を覚える時に、「番号を覚えなくては」と繰り返していると、番号ではなく、この標語の方を覚えこんでしまうことになります。多くの人が、似たようなことをしたあげくに「自分は記憶力が悪い」と嘆いています。しかし実際には、記憶力自体はすばらしいのです。ただその記憶力で、目的とは別のことを覚えてしまっているのです。

驚くべき記憶力

驚異的な記憶力の持主について調べてみると、おもしろいことがわかります。ある男性は、頭に描いた映像に文字通りタイトルをつけていたのです。状況を説明したこの短いタイトルによって記憶を整理し、分類しているので、容易に必要な事項が探し出せるのです。映画を整理する時にタイトルを書いておけば、いちいち映写してみなくても、目的のものが見つけ出せるのと同じようなものです。

ある講演会に出席していた女性は、四五人の人に次々に紹介されただけで、名前をしっかりと覚えこんでいました。彼女は、紹介された時に、鼻やあごの形、肌の色のぐあいなど、人それぞれに特徴的なことに注意を集中しました。これに注意を集中しつつ名前を聞いて、両者を結びつけたのでした。さらに、特徴だけを思い描いて、名前が出てくるかどうかを何回かチェックして、記憶を強固なものとしたのでした。

電話でのやりとりが多い人にはこの方法は役に立ちません。しかし、その場合には視覚的な特徴でなく、声の高低、しゃべるスピードなど聴覚的な特徴を利用すればよいのです。人によって視覚に訴えた方がよい場合も、聴覚の方が有効な場合もあります。場合に応じて、各人が効率的なやり方をあみ出せばよいのです。

もし、どうしても人の名前を覚えなければならないような状況になったら、人の五感のうちの三大感覚、すなわち、視覚、聴覚、触覚を総動員すべきです。相手が名のった時の声の調子、目に見える特徴、握手をした時の手の感触、それぞれを名前を思い出す時の手がかりにするのです。

効率よく覚える

「よい記憶力」を手に入れるためのもうひとつのコツは、なるべく効率よく覚えこむこと、すでに記憶していることを最大限に利用することです。たとえば、いつも鍵をズボンの右ポケットに入れることにしておけば、そのことを一度だけ覚えればよいのです。これに対して、そのたびにちがった場所にしまう人は、一日に四回も五回も鍵のしまい場所を覚え直さなければならないわけです。

私の学生のひとりで二つの会社に関係していたため、大量の書類や記録を整理する必要にせまられていた男性がいます。彼は、ある書類をファイルする時にこう自問します。「後になってこの書類が必要になったら、どこを探すだろうか。」そしてその情景を考え、頭に浮かんできた所へファイルするのです。このやり方では、すでに整理されているファイルシステムを利用しているわけですから、新しく覚えることは何もありません。しかも、新たな書類をファイルするごとに、その内容と見出しの結びつきは強くなっていくのです。

この二つの例ではいずれも、最小限の事項さえ覚えればよいような状況がつくられていることがおわかりでしょう。別の例をお目にかけます。次の数字の列をながめ、どれくらい覚えていられるか試してみてください。

149162536496481100

まず、数字を二つか三つずつ区切って覚えやすくするのがふつうです。これは「小分け法」とよばれるやり方で、大きな仕事をいくつかに分けて扱いやすくしようというものです。古い小話に「いったいどうやって象を食べようというんだい。」「もちろん一度に一口ずつさ。」というのがありますが、これと似たような精神です。
ところで、二つずつあるいは三つずつ区切ってみて、どれくらいの間覚えていられそうですか。一時間、一日あるいは一週間くらいでしょうか。
今度は、先ほどの数字をやや変わったやり方で区切ってみます。

1, 4, 9, 16, 25, 36, 49, 64, 81, 100

何か気づきませんか。これらの数字は、次のように書き直せます。

$1^2, 2^2, 3^2, 4^2, 5^2, 6^2, 7^2, 8^2, 9^2, 10^2$

もうおわかりでしょう。初めの数字は、1から10までの数の二乗を計算して、それを書き連ねたものだったのです。これがわかってしまえば、先ほどの数字を一〇年や二〇年忘れずにいることは簡単なことです。どうしてこのように簡単になったのでしょうか。それは、すでに頭の中にある事項をもち出し、それと結びつけることによって、覚えなければならないことを減らしてしまったからです。数学や物理などが目指しているのがまさにこれで、世の中のできごとを効率的に、美しい形で体系化し、最小限のことさえ覚えれば、なにごとも説明がつくようにしようというのです。

以上のことは、暗記を容易にするテクニックのほんの一例なのですが、残念ながら、教育の現場ではあまり採用されていないようです。

学習能力の欠如

次に「学習能力の欠如」「微小脳不全」「読書障害」あるいは「教育障害」とよばれていることをとり上げてみたいと思います。どれも重々しく響きますが、結局のところは教育がうまくいっていないことを表しているのです。

生徒の学習が思わしくない時、専門家はいとも簡単に「この子には学習能力がない」と結論づけてしまいます。しかし「教える側の能力の欠如」とは絶対に言いません。いつも、悪いのは生徒の方で、能力がないか脳に障害があるか、場合によっては遺伝ということで片づけられてしまうのです。このように、人間にはなにごとにつけ、改善法が見つからないと、何とかゆきづまりを打破しようとするよりは、うまくいかないことを正当化しようとする傾向があるようです。

私自身は、生徒の側に原因があるとは考えたくありません。教える側に問題はないのでしょうか。どんな子供にも教育を施すことができると考えれば、それに向かって努力もしますが、あきらめてしまったらそれまでではありませんか。

一九世紀には、人間は空を飛べないというのが常識でした。その後飛行機が出現しても、人を月へ送りこむことは不可能と考えられていたのです。このような事例を知ったうえで振り返ってみると、それまでは不可能とされていたことが実現してきた例をいくつも見つけることができます。

そもそも「学習能力の欠如」というのは、昔の脳神経生理学の研究に基づいた考え方です。脳の一部に損傷をおった人が話せなくなった場合に、その部分が会話能力をつかさどっていたと結論するたぐいの研究です。その論理は、テレビの裏の配線を一本切断して、画面が流れてしまった時に、その配線が画面の保持をつかさどっていたと結論するのと同じようなものでしかありません。実際には何百ものコード、接点、トランジスターなどが画面の保持にかかわっているのです。ましてや人間の脳はテレビとはくらべものにならないほど複雑なのです。

確かに、生きていくうえで基本的な機能は、脳の上の特定の部域に局在しているようです。しかし、学習能力に関してはそのようなことはなく、脳の片側を失った子供でも立派に学習することができたという報告もあるほどです。また、生まれた後では神経細胞が新しく生じることはないという古い常識もありますが、これに合わない例が次々に見つかってきています。最近の知見によれば、脳というのはこれまで考えられていたよりもずっと融通性に富んでいるもののようです。ですから学習能力についても、生まれつきなどはありえないのです。

各国からの移民が集まっている地域では、子供たちが三か国語を一度にマスターすることなどめずらしくありません。それなのに学校での授業では、うまくいかない子供が出てきてしまうのです。教室での教材がいかにつまらないものであったかを思い出せば、教え方の方に問題があることがおわかりでしょう。

たとえば読む能力についてあれこれ議論する向きもあるようですが、その仕組みさえわかってしまえば、さほど難しいことではありません。すでに知っている言葉の音と形とを結びつければよいだけのことなのです。ですから、教え方さえ工夫すればうまくいくはずです。神経言語プログラミングもその工夫のひとつです。

薬の濫用

　今の教育制度に関してもうひとつふれておきたい問題は、椅子にじっと座っていられないような「過度に活動的な子供」に対して、リタリンのような薬を飲ませていることです。この薬を飲むと子供はおとなしくなり、教師にとっては扱いやすくなります。この薬は副作用が全く無いということで広く使われているようです。

　この薬の特徴のひとつは、子供には行動を抑えるように働くのに対し、大人には興奮剤として活動を高める作用があるという点です。あるところで、この特徴を利用して、生徒ではなく教師の方にリタリンを飲ませたらどうかと提案したことがあります。生徒をゆっくりさせる代わりに教師の方をスピードアップしようというわけです。ところが、この薬は全く害がないと主張しているにもかかわらず、だれもそうしようとはしませんでした。自分では飲みたくないような薬を子供に飲ませているというわけです。

　教師の中にもビタミン剤や精神安定剤など、薬を服用している人が多いようですが、自分で考えて自分のために飲むのと、強要されて飲まされるのでは大きなちがいがあります。それに、まだ明らかになっていない副作用があるかもしれません。

メカニズムの理解を

以上述べた問題点は、いずれも神経言語プログラミングをうまく使えば解決することなのです。人の学習能力というものは、教材が与えられた時に決まるのではなく、学習のメカニズムが理解できた時に決まるのです。そして学習のメカニズムの理解こそが、神経言語プログラミングの目標のひとつなのです。

9 変換

癖をコントロールする

最後に皆さんにお伝えしたいテクニックは、非常に一般的な方法ですから何にでも応用が効きます。また、生産性の高いテクニックですから、あなたの脳を新たな可能性へと導いてくれるはずです。

話をわかりやすくするために簡単な例から始めましょう。癖をいかにコントロールするかは、興味深い問題です。たとえばここにも、やめたいと思いながらも爪をかむ癖を直せない方がおられることと思います。そのような方に出てきていただきましょう。これからお話しするテクニックを使ってその癖を直してさしあげます。

私「簡単な質問から始めます。爪をかむ直前に何が見えますか。」

男「わかりません。いつもしばらくたってから爪をかんでいるのに気づくのです。」

私「癖とはそういうものです。知らず知らずのうちにその行動を起こし、後で気づいて不愉快な気分になるのです。では、どのような時、どのような場所で爪をかむのですか。」

男「本を読んでいる時や映画を見ている時です。」

私「それでは、映画を見ているところを想像してください。爪をかむ時のように手をもち上げてください。爪をかもうと意識しながら、手が上がってくるにつれて何が見えてくるかに注意をはらってください。」

男「手がだんだん大きくなってきます。」

わかりました。それはそれとして、少し別のことを考えてください。もし爪をかむ癖が直ったとしたらどうでしょうか。この癖を直すことがあなたにとってどんな意味があるのでしょうか。人間的に何か変化が起こりそうですか。口に出さなくて結構です。頭の中で癖が直った時のようすを思い浮かべてください。

それができたらいよいよ実験に入りましょう。まず先ほどの、手が近づいてくるという映像を大きく、明るく思い描いてください。そして視野の右下の隅の方に癖が直った後の情景を小さく、暗い画像としてはめこんでください。

はめこんだ映像を一挙に明るく、大きくすると同時に、手の映像の方は小さく、暗くして、第一の映像でおおってしまいます。これを一瞬のうちにやってください。この変換が終わったら、画像を消してしまって一息入れましょう。目を開け、あたりを見回すのもよいかもしれません。それからまた二つの映像を思い浮かべ、同じことを繰り返します。全部で五回やってください。そのたびごとに画面を一度空白にすることをお忘れなく。

私「では調べてみましょう。手がもち上がってくる映像を思い描いてください。どんなぐあいですか。」

男「明るく大きな画像のまま保っておくことができません。消えていってしまいます。その代わりにもう一方の映像が現れてきます。」

このテクニックは、脳に対して方向づけを行うのです。人間には不快なことを退け、楽しく愉快なものに惹かれるという傾向があります。まずはじめに、彼が快く思っていないしぐさのきっかけとなる映像が、画面いっぱいに広がっていました。その映像が小さくなり薄れていくにしたがって、不愉快な感じも薄れていきます。一方、癖が直った後の好ましい情景が大きくなるにつれ、彼の心はそちらの方に傾いていきます。こうして不愉快な情景から楽しい情景へとはっきりした方向づけがなされたわけです。脳が方向づけされれば、行動はそれにひきずられていきます。

脳を方向づける

私「では、ちょうど爪をかむ時のようなぐあいに、手をもち上げて口の所へもっていってください。」

（手が上がっていくが、口に触れる直前で止まってしまい、それから一センチほど下がる。）

私「どうしました。」

男「よくわかりません。手が上がってきて、そこで止まってしまいました。下におろしたい気分ですが、言われたことですからこうしてここに保っているのです」

彼のふるまいは、このテクニックのうまくいったことが行動となって現れたものなのです。以前は手が上がってくれば爪をかむという行動につながっていたわけですが、今はちがってきています。彼自身はまだよくわかっていないようですが、爪をかむよりは好ましい結果になっています。

この変換法は、これまでお話ししたどのテクニックよりも強力です。ある講演会の会場に、一〇年余りもの間、煙草をやめたくて苦労に苦労を重ねてきた女性が来ていました。

私はこのテクニックを使って、たった一〇分間で煙草をやめさせることに成功しました。しかもただやめさせただけではありません。煙草を吸っている人びとと楽しく会話している状況を描かせたのです。この方が、嫌煙権をやたらに振り回すよりは彼女にふさわしいと考えたからです。

では、今のやり方を次にまとめておきます。パートナーを見つけて、実際にこのテクニックを試してみてください。

変換テクニック

(1) 状況を見きわめる

まず問題点を見つけます。いつ、どのような状況でのふるまいや反応を変えたいと思っているかをはっきりさせてください。先ほどのように爪をかむという癖でもよいでしょうし、ご主人の顔を見ると腹がたつといった反応でもかまいません。

（2）きっかけとなる映像を見きわめる

（1）で選んだ状況の下で、あなたが自分で気にいらないふるまいをしようとする直前のようすを頭に描いてください。問題となっている行動を知らず知らずのうちにしてしまっている場合も多いので、意図的に行動を起こしてみるとよいかもしれません。そうすればその行動に先だって何が見えるか、何が頭に浮かぶかを確認することができます。不愉快な行動へのきっかけとなる映像ですから、これ自体不快の念をもよおすかもしれません。しかし、不愉快な気分が強いほど「変換」はうまくいくのです。

（3）行動パターンが変化した後の状況を想定する

望み通りの変化が起こった場合に、あなたの行動パターンがどう変化するか、そしてそれがどのような結果をもたらすかを考えます。ここでは非常に魅力的な状況設定をすべきです。そうすれば、それだけ強く改善への動機づけがなされるからです。予想される状況が本当にすばらしいものであれば、表情にも表れるはずです。逆に表情に表れてこないようであれば、別の状況を探した方がよいでしょう。

（4）変換を行う

いよいよ変換をします。まず（2）で確認した映像から始めます。大きく、明るい映像として思い描きます。そして視野の右下隅には（3）の情景をはめこみます。こちらの方は小さく暗い映像です。初めの映像を暗くしながら小さくします。同時に第二の映像を大きく明るくして、画面いっぱいに広げ、初めの映像をおおいつくすようにします。これだけの変化をできるだけ早く、一瞬のうちにやってしまってください。そして画面を空白にします。一息ついたらもう一度繰り返します。全部で五回やってください。各回ごとに空白を入れることを忘れてはいけません。

（5）確認する

変換がうまくいったかどうかを確認します。ひとつの方法は、（2）の映像を思い浮かべることです。切り替えがうまくいった場合には、映像を頭の中で保持するのが難しいはずです。画像はすぐに消えてしまい、二番目の映像によって置きかえられてしまいます。

行動をチェックすることによっても確認ができます。気にいらない行動（切り替え前の行動パターン）のきっかけとなっていた状況をつくり出してやります。先ほどの例では、手を口の所までもっていきました。場合によっては、煙草をすすめてみたり、キャンディーをすすめてみたりします。そしてそれに対する反応を見るのです。

もし以前の反応がまだ見られるようであれば、前にもどって変換の操作を繰り返します。何かやり残したことはないか、他につけ加えることはないかということに注意をはらってください。一五分ほど時間をかけてとにかくやってみましょう。

うまくいかない場合

私「皆さんのようすを見ていますとうまくやっている方が多いようです。しかし、うまくいっていない方の話から聞くことにしましょう。」

女「私は煙草をやめたいと思っています。しかし、切り替えを行った後でも、まだ煙車に手が伸びてしまいます。」

私「初めの映像はどのようなものでしたか。」

女「自分が煙草を口にしている姿を思い浮かべ……。」

そこが問題なのです。最初の映像には当事者として参加し、次の画面は傍観者としてながめることが非常に大事です。これがいわばこのテクニックの成否を探る鍵で、あなたの場合でしたら、まず自分の体験としての喫煙を頭に描かなければいけません。自分の目で煙草を見、自分の手をのばして煙草をとり上げるといったぐあいです。煙草を手にした時、手は口もとへ動いていきませんか。もう一方の手が火をつけようとしてはいませんか。とにかく何であれ、煙草を吸う直前に起こっていることを、自分の目で見きわめてください。そのような映像から出発して変換操作をやってみてください。

また変換テクニックの場合には、スピードも大事な要素のひとつです。切り替えをもたもたやっていたのでは役に立ちません。ほんの一、二秒の間に済ませてしまうことが大事です。脳というものは、ゆっくりと情報を受け入れるようにはできていないからです。では変換を五回やってください。毎回頭の中をからっぽにすることを忘れずに。

私「では確かめてみましょう。最初の画面を思い出してください。」

女「どこかへいってしまいました。」

私（煙草を取り出しながら）「煙草はいかがですか。」

女「結構です。」

私「先ほどは、煙草の方へ自然に手がのびるというお話でしたが、今はどうですか。」

女「煙草の方へかりたてられるような気持ちではありません。」

私「さあ、ここに煙草があります。一本とって、指にはさみ、ながめてみてください。」

このテクニックに限らず、心の中で変化を引き起こそうという場合には、確認をちゅうちょしてはいけません。ただちにあれこれ確かめてみれば、うまくいったかどうかがすぐにわかるからです。また言葉には表れないからだの反応にも注意をはらうべきです。

おやおや、表情が変わってきましたね。煙草の匂いがあなたを誘惑しているにちがいありません。もう一度「変換」をやりましょう。まず第一の画面にもどってください。この時に煙草の匂いも要素の中に加えてください。また第二の画面では、煙草の匂いにも惑わされない自分の姿を思い描いてください。

念には念を入れて

こうして念には念を入れるわけです。数学者は解答が得られたとしても、それだけで済ませることはありません。その解答を注意深く検討するのです。さもなければ、他の数学者が調べ直して誤りを見つけてしまうかもしれません。このような意味での厳密さが、今の心理療法や教育に欠けているように思います。

あるやり方がうまくいったかどうか調べるために、二年間にわたって追跡調査をすることがしばしばありますが、ただちにあらゆる角度から厳密に調べておけば、どの点でうまくいき、どこがうまくいっていないかがすぐにわかります。またうまくいっていなかった場合にも、ただちに善後策をとることができるのです。

ここでお話ししていることは、切り替えのテクニックのうちのごく初歩的なことなのです。初めから効果を確実にするために、いきなりいろいろな感覚を動員して切り替えを行う方法もありますが、ふつうはまず視覚の要素だけに限り、必要に応じて他の感覚も加えていく方がよいようです。ちょうど今の例で、視覚だけでは不十分なので嗅覚も動員したようなぐあいにです。ところで煙草の匂いの方はどうなりましたか。

女「どう言い表したらよいかわかりませんが、ようすがちがってきています。煙草の匂いを嗅いでも、吸いたいという感じではなく、むしろ手を放してしまいたいという気分です。」

彼女は、これまで煙草をすすめられる——受けとる——火をつける——一服、という一連の行動パターンを身につけてしまっていたのです。彼女の好みには合っていなかったようですが、何年にもわたってだれにも変えられなかったほど強固にひとつの行動パターンを身につけるというのは、考えてみれば大変な能力です。今や彼女は、その能力によって煙草をやめることができたのです。

脳に対して特定の結果を得るように指示することはできません。ある方向を指定することができるだけです。脳に何かをさせたいと思ったら、方向づけを厳密にやらなくてはいけません。しかも前もって念入りに計画をたてておかなくてはなりません。そうしないと過去のいやなできごとを思い出して不愉快になったり、愛する人にどなり散らしたり、といったような自分で望みもしない行動をしなければならないはめに陥るかもしれません。

このようなことはいずれも修正可能ではありますが、あなたがまさにそのような状況に陥っている場合に修正しようとしても無理な話です。あらかじめプログラムを組んでおくか、後から組み直しをするしかありません。

変換のバリエーション

変換のテクニック自体は一、二日でマスターできますし、そこそこの成果をあげることもできます。しかし、その仕組みを理解し、さまざまのバリエーションを知れば、より大きな効果が期待できます。

先ほどは変換を行う際に、映像の大きさと明るさの変化を利用しました。大きさも明るさも、ある程度の範囲内で連続的に変化させることができ、「アナログ要素」とよばれています。また、当事者としての映像であるか、傍観者としての映像であるかといった立場のちがいが、重要な役割を果たしていましたが、これらは二者択一ですから「デジタル要素」とよぶことができます。変換を行う場合には、このデジタル要素（立場のちがい）の方は欠かせませんが、アナログ要素の方は他の要素で置き換えることができるのです。ためしに、大きさの代わりに「距離」を使ってみましょう。操作自体は、先ほどと全く同様です。第一の映像は明るく近くに見える状態から始まり、第二の映像は暗く遠くに見える状態から始まります。そして、第一の画面が暗くなり遠ざかると同時に、第二の画面が明るくなり近づいてきます。

この変換操作は、明るさと大きさを利用した先ほどの例と変わりがないと思う方もいることでしょう。それは、大きさと距離とが非常に密接な関係にあるからです。しかし、変換のテクニックにはいろいろな要素を利用することができるということは、おわかりいただけたかと思います。

変換で利用する要素は何でもかまいませんが、人それぞれに、最も効率のよいものがあるのです。最初に大きさと明るさを使った例を出したのは、この二つが多くの人にとって効果的な要素だからです。また距離の要素もこれらに次いで重要な要素ですから、次に試していただいたわけです。しかし中には、大きさ、明るさ、距離のいずれもが、さほど効果をあげないという人がいます。そのような場合には、その人に適した要素を見つけるところから始めなければなりません。

では二人ずつ組になって実際に試していただきましょう。まず、相手が直したいと思いつつも直せないでいる行動パターンについての情報を集めてください。これらの行動は不本意なもの、望ましくないと本人が思っているものですから、実際に行動に移る前には心の中で次第に高まってくる前兆があるはずです。それはだんだん明るく大きくなってくる映像かもしれませんし、次第にやかましくかん高くなる音声かもしれません。まずそれを見つけ、そこに含まれる要素をひとつずつ変えることによって、どの要素がその人にとって大事であるかをはっきりさせてください。

有効な要素を見きわめる

男「私のパートナーの場合、画面の幅と明るさが重要のようです。画面が狭くなり暗くなると、圧迫されたような感じになるのだそうです。」

彼女が「圧迫された」という表現を使ったのは、思い描いた映像が愉快なものではなかったからです。ここで大事なことは、一般的に画面を暗くし狭くした時に、彼女の印象が強まるかどうかです。彼女の場合、本当に狭く暗いことが大事であれば、変換の際には望ましくない画面は狭く暗い状況から始め、望みの画面の方は幅広く明るい画像としてスタートしなければなりません。

しかし、不愉快な状況は幅を狭くするほど強くなり、望ましい状況は幅が広くなるほど印象的になるというのが、彼女の場合に当てはまるのかもしれません。このような場合でしたら、出発の映像をどんどん狭くして一本の線にまでしてしまい、そこから望ましい情景を広げていくことができます。

女「私のパートナーの場合は、頭に描いた画面の傾きが重要なようです。画面が向こう側に傾いていくにつれて、不安な気分がつのってくるのだそうです。」

そのような場合には、まず第一の画面をどんどん傾けていって完全に水平にしてしまい、そこから第二の画面を立ち上がらせてくる方法が有効でしょう。

このように、変換の際にどのような要素が有効であるかは人によって異なりますから、その見きわめが重要です。またその要素については、視覚にこだわる必要はありません。聴覚的なものでもかまいませんし、先ほどの例のように煙草の匂いという嗅覚的な場合もあり得ます。それにもかかわらず、これまで視覚的要素に重きをおいて話を進めてきた理由は、視覚の場合には同時に二つの映像を見ることが容易にでき、したがって変換の操作も比較的簡単に行えるからです。

これに対して一度に二つの声に注意を向けることは困難です。したがって、特別の場合は別として、まず視覚を中心にして変換の操作をマスターし、後で他の要素も加えていくというのがよいでしょう。

好ましい方向へ

いままでいろいろやっていただいたことは、変換のテクニックをより効果的に行う際の基礎となるものです。他の神経言語プログラミングにおけるテクニックと同様、変換の場合もそのメカニズムを知れば知るほどそれだけ成果に反映してきます。

「変換」の結果を長年にわたって追跡調査してみると、爪をかむ癖がなおるとか、煙草がやめられるとかいった目先のことだけではなく、変換の結果がその後の生き方の基本となり、あらゆる行動が本人にとって望ましい方向へと方向づけられていることがわかります。

このように「変換」のテクニックは、ひとつひとつの行動を矯正する方法ではなく、脳に対して新しい方向づけを行うテクニックなのです。そしてこの好ましい方向への方向づけこそが、生き方を改善する上で最も重要なことだと思います。

著者あとがき

神経言語プログラミングを学んで得られる結果として重要なのは、一連のテクニックではなく、人生に対する姿勢です。これは好奇心と深く結びついており、自分の周囲で起こることに興味をもち、これに影響を与え、役立つ方向へもっていこうとする態度です。

この本の中でお話ししてきたテクニックは、非常に強力です。それだけにこれをどう使いこなすか、何の目的で使うかについては、何が有用であるかをいつも念頭に置きつつ慎重に考えていただきたいと思います。あなたの人生にとって、長い目で見た場合に利益をもたらし、喜び、満足、楽しさ、幸福感を与えてくれるようなすばらしいできごとも、その当初は必ずしも愉快なものであるとは限りません。それどころか欲求不満や混乱を引き起こす場合すらあり得ます。プログラミングを行う際に、このことはぜひ覚えておいてください。

テキサスでの講演会へ向かう飛行機の中でのことでした。隣に乗り合わせた男性が『魔術の構造』という本を読んでいました。その表紙が目を引いたので、こうたずねました。

「あなたは、魔術をお使いになるのですか。」

「いいえ、私は心理学者です。」

「心理学者がどうして魔術の本を読んでいらっしゃるのですか。」

「これは魔術の本ではなく、意志の伝達に関するまじめな本なのです。」

「でしたら、どうしてそんな題名がついているのですか。」


ここにいたって彼は座りなおし、三時間にわたってその本について説明してくれました。しかしその内容は私が執筆した時に意図したものとは、全くかけ離れていました。実のところ、彼は二番目の章ですでについていけなくなっていました。しかし私は質問を繰り返し、問答が続きました。そうしている間、私は「いやはや別の見方があるものだ」と、心底感心していたのでした。

実は彼もテキサスでの講演会に行くところだったのです。次の日になって会場で会った時、彼は私が彼の忠告にしたがって講演会にやってきたと思いこんで、大変ご機嫌でした。しかしそれは、私が演壇にのぼり、マイクを手にするまででしたが。彼にはわかってもらえないと思いますが、私が飛行機の中で「その本を書いたのは私です」と言わなかった理由は、私にとっての新しいものの見方を学ぶ絶好の機会を逃したくなかったからです。

どんなことであっても、完全にマスターし、完璧に行えるようになると、単なる労働になってしまいます。診療所をつくって人びとをよび集め、一日中繰り返し繰り返し恐怖症の治療をすることもできるでしょうが、これではつまらない日常の業務と変わるところがありません。しかし相談相手がやってくるたびに、たとえばエレベーターに対する恐怖をとり除くだけでなく、さらに突っこんでエレベーターに乗ることを楽しむように仕向けたら、もっとおもしろいのではありませんか。つまり恐怖心を転化して、もっと役立つものに変えてしまうわけです。

私は講演会に出かける時には、いつも前の晩に宿舎に着くようにしています。フィラデルフィアで、神経言語プログラミングの「上級者」と同じホテルに泊まり合わせたことがありました。私がバーへ行ってみると、ちょうどそのうちのひとりが友人に語りかけているところでした。「明日の講演が、また感覚要素についての繰り返しでないことを祈るね。すでに僕にはわかりきっていることだからね。」

これを聞いて黙っているわけにはいきません。近寄っていってたずねました。

「いったい神経言語プログラミングというのは何なのですか。」

「説明するのは難しいですがね。」

「でも神経言語プログラミングについて、よくご存知なのでしょう。」

「ええ、もちろんです。」

「でしたら、そいつについて教えてください。一杯おごりますよ。」


翌朝、講演会の会場で私が演壇にのぼった時、彼がどんなに驚くか、知るべくもないでしょうが、もうひとつ彼が気づいていなかったことがあります。それは、私が三日間にわたるセミナーで彼に教えたよりも、ずっと多くのことを彼からバーで学んだということです。

全てを知ることは決してできないという観点に立って、あらゆることを初心に返ったつもりで受け入れてもらいたいと思います。というのは、しばしば「知らないということを知ること」を忘れてしまいがちになるからです。「これは前に見たあれと同じだ」とか、「これは何々と変わらない」とか、「神経言語プログラミングなら、もう去年のうちにマスターしてしまった」といった発言をしがちなのです。私自身、神経言語プログラミングについてはわからないことだらけですから、本当にマスターした人がいるのならば、教えてもらいたいくらいです。

あることを学ぶことはもちろん大事なことですが、まだわからないことは何かを知ることは、さらに重要で、これができるかできないかで、人生に対する態度に決定的なちがいを生み出します。私たちの心の中には、私たち自身が気づいているよりも、ずっと多くのことがつまっていますし、身のまわりでも、思いもかけないことが起こります。そのようなものごとに対しても、興味を抱き熱中できるという果てしない好奇心こそが、人生を楽しくおもしろく、そして実りあるものにしてくれるのです。

人間の行動というものは、すばらしいものではありますが、それが本当に役に立つかどうかは、時と場所、そして場合によりけりです。皆さんは、自分の脳を使いこなす方法はすでにマスターしているのですから、次の問題はどの方向へ走らせていくかです。自分のバスを運転できないうちは、目的地の設定はたいした問題ではありません。設定したところで、そこにはたどりつけないからです。しかし今やあなたは自分の脳を思う所へ運転していけるのですから、目的地を的確に定めることが非常に重要な問題です。うまく設定しないと、同じ所をぐるぐる回り続けたり、ひとつの道を行ったり来たりしてしまうことになってしまいます。

あなたがどこにいようと、そして何をしようとしても、あなたが本書を通して身につけた技術、道具は、あなた自身が人生を楽しみ、新たなことを学ぶうえでの基礎となるでしょう。テキサスで私の隣に乗合わせ、私に神経言語プログラミングが何であるかを説明してくれた男性と私との唯一のちがいは、私は彼から多くのことを学んだことを自覚していましたが、彼はそのことを全く知らないということでした。私は彼をからかったり、驚かそうとしたわけではありません。彼との問答が、私にとって新たなことを学ぶまたとない機会だったからです。しかし考えてみれば、人生の中で起こるあらゆるできごとは、二度と起こり得ない貴重なものです。ですから、その貴重な機会を逃がすことなく、あなたが学んできた神経言語プログラミングのテクニックを駆使して、あなたの人生の役に立てていただきたいと思います。

訳者あとがき

本書は「神経言語プログラミング」に関するリチャード・バンドラーの講演をもとに、アンドレアス夫妻がまとめた「Using Your Brain ——for a Change」を訳出したものです。原書の副題に「Neuro-Linguistic Programming」と添えられており、本書が、神経言語プログラミングの本邦初の紹介であることを考えあわせて、これを書名に採用しました。

Neuro-Linguistic Programming に対する訳語の選定にあたってはいろいろと考えましたが、結局直訳風の言葉をあてておくことにしました。その妥当性については、読者の皆様の判断を仰ぎたいと思います。

「神経言語プログラミング」と言いますと、形式ばって聞こえますが、本文を読んだ方にはすでにおわかりのように、決して難しい理論が展開されているわけではありません。その内容は、多かれ少なかれ私たちが日常生活の中で実際に経験していることなのです。

たとえば、仕事にとりかかる前に、うまくいかなかった場合の状況ばかりが頭にうかんできてしまう。過去の体験のうちで、非常に不愉快な思い出だけが頭から離れない。あるいは宿題にせよ、報告書にせよ、締め切りぎりぎりまで腰を上げる気にならない。どれをとっても身に覚えのある方が多いにちがいありません。

しかし、このような心の動きを逆手に利用している人は、少ないのではないでしょうか。神経言語プログラミングは、日常のちょっとした心の動きに注意を払い、より望ましい行動へのきっかけづくりの方法として体系化したものです。ここにリチャード・バンドラーの才能がうかがえます。

神経言語プログラミングのテクニックは、覚えただけでは何にもなりません。これらのテクニックがいかに強力なものであるかは、本文を通じておわかりいただけたことと思いますから、これらを積極的に活用して下さい。そして、原題にあるように「あなたの脳を使いこなして生き方を変える」ために役立てていただければ、訳者としてこれにまさる喜びはありません。

なお、本書の訳出にあたっては東京図書の須藤静雄氏、飯村しのぶさん、武田哉子さんに終始お世話になりました。ここに記して感謝の意をあらわしたいと思います。

本書内には、現在では呼称が変更された用語や、今日の観点からみると差別的表現ととられかねない箇所が散見されますが、原書刊行時の時代背景および著者が差別助長の意図で使用しているわけではないことを考慮し、初版のままとしました。

訳者紹介

酒井一夫《さかいかずお》

1977 年　東京大学理学部生物化学科卒業
1982 年　東京大学大学院理学系研究科博士課程修了
東京大学医学部助手、同講師、電力中央研究所、
放射線医学総合研究所を経て
現　在　東京医療保健大学教授
訳　書　『DNA のはなし』（共訳）
『あなたを変える神経言語プログラミング』
『脳力トレーニング』
『アメリカ式論文の書き方』
『心の扉をひらく』
『頭をよくする食生活』
『ストレスマップ』
『自分診断 YES NO テスト』
『身体を癒す心の力』
『部下を持つ人のための NLP』（共訳）
（以上東京図書）
『放射線（サイエンス・パレット）』（丸善出版）

新装版《しんそうばん》 神経言語《しんけいげんご》プログラミング
—頭脳《あたま》をつかえば自分《じぶん》も変《か》わる—

1986 年 12 月 15 日第 1 版第 1 刷発行
2019 年 5 月 25 日新装版第 1 刷発行

著　者　リチャード・バンドラー
訳　者　酒　井　一　夫
発行所　東 京 図 書 株 式 会 社
〒102-0072　東京都千代田区飯田橋 3-11-19
振替 00140-4-13803　電話 03(3288)9461
http://www.tokyo-tosho.co.jp/

ISBN 978-4-489-02312-5